BLUE BOOK OF EVENT LAW

会展法治蓝皮书
BLUE BOOK OF EVENT LAW

中国会展法治研究报告

2020

主　　编◎张万春
副主编◎鞠　晔　郑　晶
编　　委◎（按姓名拼音顺序）
　　　　　陈树中　陈泽炎　储祥银　季鸿雁
　　　　　李智玲　林冠文　刘大可　肖代柏
　　　　　许忠伟　杨　琪　袁再青　张　羚
学生编委◎范玉瑾　兰美玲

华中科技大学出版社
http://www.hustp.com
中国·武汉

图书在版编目(CIP)数据

中国会展法治研究报告.2020/张万春主编.—武汉:华中科技大学出版社,2021.9
ISBN 978-7-5680-7193-2

Ⅰ.①中… Ⅱ.①张… Ⅲ.①展览会-法律-研究报告-中国-2020 Ⅳ.①D922.164

中国版本图书馆 CIP 数据核字(2021)第 173837 号

中国会展法治研究报告(2020)
Zhongguo Huizhan Fazhi Yanjiu Baogao(2020)

张万春　主编

策划编辑:胡弘扬	
责任编辑:陈　然　胡弘扬	
封面设计:廖亚萍	
责任校对:阮　敏	
责任监印:周治超	
出版发行:华中科技大学出版社(中国·武汉)	电话:(027)81321913
武汉市东湖新技术开发区华工科技园	邮编:430223
录　　排:华中科技大学惠友文印中心	
印　　刷:武汉科源印刷设计有限公司	
开　　本:710mm×1000mm　1/16	
印　　张:10.5　插页:2	
字　　数:201 千字	
版　　次:2021 年 9 月第 1 版第 1 次印刷	
定　　价:68.80 元	

本书若有印装质量问题,请向出版社营销中心调换
全国免费服务热线:400-6679-118　竭诚为您服务
版权所有　侵权必究

让法治为会展业高质量发展保驾护航

在《中国会展法治研究报告(2020)》付梓出版之际,主编张万春教授盛情邀请我写个序言,我甚感荣幸。我不是法学领域的专家,不敢从专业视角点评书中内容,但我从小就非常敬畏法律,坚信法律是个好东西,坚信"法律面前,人人平等",坚信法律可以帮助解决一些不公平的事。

我从2002年开始涉足会展研究。当时对我触动较大的是出展领域"倒卖批件"问题。简单来说,就是某些机构从政府部门获取批件,自己并不组团出展,而是将批件转卖给其他机构落地实施,并从中获利。我对此非常愤慨:凭什么能干事的人拿不到批件,而拿到批件的人却不做事?这些不公平现象如何解决?我最直接的想法就是要推动会展领域法治建设。所以,2003年我在组织编写全国高校会展教材时,将"会展政策与法规"列为重要选题,希望提高会展专业人才的法治意识,为中国会展业健康发展营造公平环境。

后来,随着研究工作的不断深入,我对法治建设重要性的认知不断提高,我逐步认识到法律不仅是维护社会公平正义的准绳,同时也是推动事业发展的利器。过去20年来,中国会展业经历了从小到大、从弱到强、从封闭到开放的发展进程,会展活动数量、行业规模、场馆面积等屡创新高,之所以能够取得这样的成就,除了中国经济强劲增长的宏观背景外,会展法治环境的不断优化功不可没。在此期间,不仅商务部等中央部委相继发布了《设立外商投资会议展览公司暂行规定》《展会知识产权保护办法》等多个专项法律,上海、杭州等很多城市也出台了综合性会展业促进条例。这些法律不仅对会展业的对外开放、营商环境优化等发挥了重要作用,也为各地会展业特色发展提供了指导框架。

今天,在我国"两个一百年"奋斗目标的历史交汇之际,"高质量发展"已经成为社会各项事业发展的主旋律,而"创新、协调、绿色、开放、共享"理念成为推动高质量发展的重要指南。对照这些发展理念,我们清楚地看到中国会展业发展质量不高的现实。例如,会展场馆产能过剩、重复办展"内卷"严重、展会国际竞争力不高、市场主体获取政策扶持机会不均等、绿色展会标准贯彻不力、不同城市营商环境参差不齐等。显然,这些现象与国家建设高标准市场体系的要求不符,与"五大发展理念"的要求不符。通过法治建设推动中国会展业高质量发展依旧任重道远。

在这种背景下,《中国会展法治研究报告(2020)》的出版可谓适逢其时。通过本书,不仅可以了解中国会展法治建设的历程和取得的辉煌成就,更重要的是能

I

够激发业界同仁更加深入地思考如何通过法治建设推动会展业高质量发展,如何用法治手段促进会展资源的优化配置,如何用法治手段推动会展公共服务水平提升,如何用法治手段构建公平竞争的营商环境,以及如何用法治手段促进会展业绿色发展等。

张万春老师是中国会展法治研究的先行者,数年来心无旁骛,专注于会展法治研究,不仅著述颇丰,而且知行合一,积极投身实践,为优化中国会展业法治环境做出了突出贡献。在《中国会展法治研究报告(2020)》出版之际,衷心祝愿万春老师能够"百尺竿头,更进一步",在学术和事业上迈向一个新台阶。

是为序。

刘大可

2020 年 3 月 20 日

前　言

《中国会展法治研究报告(2020)》依托北京联合大学应用文理学院和中国会展经济研究会会展法律与政策工作委员会的资源编写。目前国内尚无有关中国会展法治报告的蓝皮书。本书将作为中国会展法治领域的第一份报告和第一种蓝皮书出版。

《中国会展法治研究报告(2020)》共分为五篇:①中国"十三五"会展司法研究报告篇。"十三五"期间,中国会展业迅速发展,地方会展立法开展得如火如荼。然而会展立法似乎尚未进入司法研究的视野,会展学界和业界对地方会展司法状况仍知之甚少。如今,在阳光司法体制下,会展司法正义也需要以看得见的方式呈现,本书将揭开会展司法研究的面纱。②国家战略与会展法治篇。会展业与国家战略之间关系密切,一方面,国家战略为会展业发展赋能,提升会展业的地位与价值;另一方面,会展业为国家战略服务。全面依法治国的战略举措及《民法典》的颁布,都与会展业发展有着密不可分的关系。③疫情背景与会展法治篇。2020年新冠肺炎疫情席卷全球,这是中华人民共和国成立以来在国内发生的传播速度最快、感染范围最广、防控难度最大的一次重大突发公共卫生事件。疫情背景下以及后疫情时代,中国会展法治如何建设,值得我们探讨和研究。④中国会展经济研究会会展法律与政策工作委员会成立重要演讲篇。在中国《民法典》颁布和习近平总书记发表《充分认识颁布实施民法典重大意义,依法更好保障人民合法权益》的重要讲话之际,"第一届中国会展法治论坛暨中国会展经济研究会会展法律与政策工作委员会成立大会"于2020年7月29日在广东省东莞市顺利召开,英国、比利时、中国等国的领导和专家"云"聚论坛。本书撷取两篇领导演讲及两篇国外专家发言以纪念委员会成立。⑤国际立法借鉴篇。中国会展法治需要走具有中国特色的法治路径,但国际社会的重要立法经验,也可以成为中国特色会展法治的有益借鉴。韩国会展业发展迅速,法制健全,其《展览业发展法》《国际会议产业法》可资借鉴。

《中国会展法治研究报告(2020)》是会展法治方面的专业研究报告,在国际国内具有领先性,可供中国会展学界和业界、法学界、各地政府部门(会展办、博览局、贸促会等部门)参阅。《中国会展法治研究报告(2020)》旨在以年度研究报告和蓝皮书的方式记载和引领中国会展业的法律与政策进展,描绘和构建中国特色的会展法治路径。

《中国会展法治研究报告(2020)》无论是对我国会展法治进程,还是对我国会展业持续向好发展,都具有重要意义。它应当引领会展科学立法,为各地会展立法提供建议和意见,进而为国家会展立法提供经验,为会展业创造更加优良的营商环境;它应当引导会展企业守法,促进会展业健康发展,减少会展诉累;它应当支持会展业公正司法,努力让会展当事人感受到社会正义与公平;它应当促进会展法学发展,培养复合型会展人才,为会展教育和会展研究提供支撑。

特别感谢商务部原副部长张志刚先生为本书题字。张志刚先生在主持商务部工作期间大力支持会展业发展。此次邀请先生题字,先生慨然应诺,热情赐墨。

衷心感谢编委会为本书付出的努力。储祥银教授在新发展格局战略提出的第一时间为本书撰稿,刘大可教授在三天时间内为本书作序,陈泽炎主任虚怀若谷地听从编辑部意见修改稿件,杨琪副教授对稿件精益求精……我们真诚感激和感谢每一位编委的无私工作,也盛情邀请更多专家和学者加入我们编委会大家庭。

真诚感谢学生编委会的付出。借鉴《哈佛法律评论》的做法,我们成立了学生编委会,编委会成员主要是硕士研究生,希望他们能够在深度参与本书的撰写工作中努力成长,希望他们不仅能校对,还能审稿并提出自己的意见。范玉瑾同学和兰美玲同学在承担学生编委会工作期间表现非常突出,感谢她们为本书出版付出的努力。感谢庞茜同学对部分文稿的校对工作,感谢常玉麈同学对部分综述的整理工作。感谢为第一届中国会展法治论坛暨中国会展经济研究会会展法律与政策工作委员会成立大会服务的郑帅、李家骁、许涵林、兰美玲、常玉麈、周胤佐、冯小洋、葛馨新、鞠金航等同学。感谢徐晓文先生和史雪君女士对论坛及本书的贡献。感谢房虎德先生对本书的数据处理。

特别感谢北京联合大学和中国会展经济研究会对会展法律与政策工作委员会及本书的支持。特别感谢北京联合大学应用文理学院院长张宝秀教授,中国会展经济研究会袁再青会长、储祥银副会长、陈泽炎主任和季鸿雁秘书长等对会展法治工作的领导与支持。感谢北京联合大学应用文理学院2020年科研创新卓越计划项目(12213611605-002)对本书的资助。

感谢每一位作者带有温度的稿件,感谢为中国会展法治工作默默付出的同行。中国会展法治的进步需要法学人和会展人的共同努力!

《中国会展法治研究报告(2020)》撰写不易,作者常怀诚惶诚恐之心。书中错漏之处,敬请读者指正,我们将不胜感激。

张万春

2021 年 3 月

目 录

第一篇　中国"十三五"会展司法研究报告

看得见的会展司法正义：司法公开视角下会展业发展的司法保障
　　　　　　　　　　　　　　　　　　　　　　　　　　　　张万春　范玉瑾 / 2

第二篇　国家战略与会展法治

双循环发展格局与会展业功能作用研究 …………………… 储祥银 / 32
构建新发展格局的会展法治保障研究路径 ………………… 张万春 / 40
粤港澳大湾区会展法治研究报告 ………… 肖代柏　郑禾名稀　白一惟 / 49
《民法典》生态文明体系在地方会展立法中的映射 ………… 张万春　鞠晔 / 61

第三篇　疫情背景与会展法治

六城市会展条例之比较研究 ………………………………… 陈泽炎 / 72
展会主办方的法律困境与会展立法前瞻 …………………… 陈树中 / 79
后疫情时代中国会展法立法探讨 …………………………… 张万春 / 83

我国会展行政审批制度改革的现状、问题与对策研究
.... 杨琪　于凡　徐艺玲 / 89
突发公共卫生事件中会展风险不可抗力应对机制 .... 张万春 / 102
疫情新常态下会展、盛事、节庆与文化观光政策治理 .... 林冠文 / 114

第四篇　中国会展经济研究会会展法律与政策工作委员会成立重要演讲

张宝秀院长在"第一届中国会展法治论坛暨中国会展经济研究会会展法律与政策工作委员会成立大会"上的致辞 .... 张宝秀 / 118

袁再青会长在"第一届中国会展法治论坛暨中国会展经济研究会会展法律与政策工作委员会成立大会"上的致辞 .... 袁再青 / 120

We Are in This Together: What the COVID-19 Pandemic Has Taught the World about Solidarity—A European Perspective
命运与共：欧盟视角下新冠疫情给世界团结带来的启示
.... Alicia Danielsson　陈贝 / 122

Embracing Change in Challenging Times
在充满挑战的时代中迎接变革 .... Sven Bossu　兰美玲 / 133

第五篇　国际立法借鉴

韩国《展览业发展法》 .... / 142
韩国《国际会议产业法》 .... / 151

第一篇　中国"十三五"会展司法研究报告

"十三五"期间,中国会展业迅速发展,地方会展立法工作开展得如火如荼。然而地方会展立法似乎尚未进入司法研究的视野,会展学界和业界对会展司法状况仍知之甚少。如今,在阳光司法体制下,会展司法正义也需要以看得见的方式呈现,本报告将揭开会展司法研究的面纱。

看得见的会展司法正义：司法公开视角下会展业发展的司法保障[①]

——中国"十三五"会展司法实证研究

张万春[②] 范玉瑾[③]

摘 要：对法律的漠视在会展业曾表现得格外突出。在司法案例联网公开之前，研究者对会展业的司法案例研究大多局限于新闻媒体公开的个案中。会展学界、业界一直无法真正了解会展业的司法状况，如今法律文书统一联网并公开查询制度解决了这一问题。阳光司法机制改革为会展司法正义和公平创造了条件，也为构建会展法治指数奠定了基础，实现了看得见的司法正义。本文以最高人民法院"中国裁判文书网"为基础，选取我国2016年至2020年会展审结案例，通过人工数据操作和爬虫大数据操作两种方法，梳理"十三五"期间会展相关案件在案件类型、审判级别、审判地域、会展活动、审判法律依据等方面的基本规律，以提升司法界对会展业法治保障的认识。根据数据显示，"北上广"仍然是我国会展业发展的第一梯队，会展合同争议、知识产权争议和劳动争议仍然是主要争议类型。还没有发现将地方会展立法在案件审判中作为法律依据的案例。同时，"会议"研究缺项问题、会展合同争议的分类问题、会展知识产权争议的分流问题和"数据代表"等问题仍然值得继续探讨。

关键词：会展司法；审判公开；司法公开；司法正义；法治指数

"十三五"期间，中国会展业迅速发展，地方会展立法工作开展得如火如荼。然而地方会展立法似乎尚未进入司法研究的视野，会展学界和业界对会展司法状况仍知之甚少。如今，在阳光司法体制下，会展司法正义也需要以看得见的方式呈现，本文将揭开会展司法研究的面纱。

[①] 基金项目：北京市社科基金研究基地重点项目"文化创意产业视角下北京会展业法治路径研究"（19JDFXA001）的阶段性成果；北京政治文明建设研究基地开放课题"《民法典》时代地方会展立法研究"（21zzwm015）的阶段性成果；北京学研究基地开放课题"北京文化软实力建设的会展撬动机制与法律规制"（SK60201902）阶段性成果。

[②] 张万春，北京联合大学应用文理学院法律系副教授、硕士生导师，中国会展经济研究会会展法律与政策工作委员会主任。

[③] 范玉瑾，北京联合大学应用文理学院法律系硕士研究生，研究方向为民商法学。

一、问题与疑惑

长期以来,会展学界和业界不太关注中国会展法治的状况。然而在法学界和会展学界都未重视的情况下,会展法治还是在向前发展。中国会展经济研究会会展法律与政策工作委员会的成立是会展法治研究受到重视的一个重要标志,本文就产生在这样的背景下。

会展司法在大多数情况下是会展企业遇到法律纠纷时无可奈何的一种选择。遇到纠纷,维护权益,诉诸法院是常见的思维模式,会展司法在这种思维模式下应运而生。一方面会展学界和法学界尚未关注,另一方面会展法治案件不断发生,这种情况的出现,表面上与会展业的发展没有关联,实际上会展司法与会展业发展有不可分割的内在联系。这种内在联系需要通过对真实案例的数据分析来揭示,不能停留在理论层面。

于是,我们提出了以下让人疑惑和关心的问题:

(1)中国会展司法状况是怎样的?

(2)中国会展争议案件的类型主要有哪些?

(3)会展企业一般不愿意打官司,但是最终还是选择去法院,这种选择的数量有多少?

(4)全国各省份中,哪个省份的会展官司最多,哪个最少?

(5)在会展案件诉讼中,哪种类型会展案件最为典型?

(6)全国各地会展诉讼数量与会展业的发展有没有关系?

这一系列的问题,推动我们通过数据,寻求会展司法的真实状况。

在收集数据前,我们必须考虑以下三个问题:

第一,选取和收集什么数据作为分析基础?

第二,如果没有收集到有关数据或数据量较小怎么办?

第三,如果收集的数据无法分析出有效结论怎么办?

为此,我们尽力挖掘数据,力求在数据中探索和揭示这些会展数据背后的会展法治之谜。

二、研究价值:司法公开背景下"中国会展法治指数"建设的必要性

审判公开和司法公正一直受到重视和关注。2007年6月,最高人民法院印发《关于加强人民法院审判公开工作的若干意见》的通知,要求深入贯彻落实《中共

中央关于构建社会主义和谐社会若干重大问题的决定》,建设公正、高效、权威的社会主义司法制度,加强审判公开。司法公正应当是"看得见的公正",司法高效应当是"能感受的高效",司法权威应当是"被认同的权威"。2013年11月,党的十八届三中全会通过的《中共中央关于全面深化改革若干重大问题的决定》指出推进审判公开。2014年10月,党的十八届四中全会通过的《中共中央关于全面推进依法治国若干重大问题的决定》进一步指出,构建开放、动态、透明、便民的阳光司法机制,推进审判公开、检务公开、警务公开、狱务公开,依法及时公开执法司法依据、程序、流程、结果和生效法律文书,杜绝暗箱操作。2014年,司法公开改革迎来了裁判文书全面联网公开的新阶段。

中国会展司法状况及其在不同省份的呈现是构建"中国会展法治指数"的重要依据。从会展法治指数的构建来看,立法是容易被看见的,其透明度和关注度最高。相比之下,会展司法的关注度就不如立法。导致这一现象的原因,一方面是会展业界和学界对司法不够重视,另一方面是审判案例数量太大且以前并不会公布。所以,司法公开正式打开了会展司法正义之门。

会展法治指数源于世界正义工程的"法治指数"和"中国法治指数"。法治指数(The Rule of Law Index)是国际上判断与衡量一个国家或城市的法治状况及其程度的量化标准和评估体系。一个城市的会展法治程度是否可以量化?把法治进行数字化或经济化处理,其本质在于彰显法治的正义价值。法治指数作为可量化的正义,是对一个地区法治水平的评价,既在一定程度上反映了民意,也为社会治理提供了可参照的标准,成为检验政府行为与法治运行的标准。

我国会展业的发展在很大程度上依赖政府的法律法规与政策。无论是对政府型会展活动,还是对市场型会展活动,我国各地区的会展法律与政策制定都不尽相同,在执行力度以及公众的守法程度层面也有较大的差异。当然,不同地域的会展法治理念也有高低之分。因此,同样的会展活动,在不同的地域环境中可能呈现不同的效果和影响力。对于主办方和承办方而言,如何考察和决定会展活动的选址,中国会展法治指数将会是一个重要的参考标准;对于会展活动目的地城市而言,该指数是衡量和评价城市会展活动影响力的重要影响因子;对于参展商及其他会展活动参与者而言,该指数也通常是其决定是否参与会展活动的重要标准。

中国会展法治指数旨在打造中国会展业界最权威的城市的会展业法律法规政策指数和指标,是中国法治指数的专门化和具体化,对中国会展业的政、产、学、研各方主体均具有指导意义。同时,中国会展法治指数具有权威性、科学性和独立性,不受其他机关、团体、企事业单位的影响,对各地会展业法律与政策的制定和优化也具有引领作用。中国会展法治指数不仅可以衡量一个地域会展法治建设的进度、制度化程度、法律法规的执行力度和管理效率,而且可以有效地规范与会展有关的政治运行、社会改革,某种程度上可以发现和阻止社会倒退,因此具有指引功能、评价功能、预测功能,同时还可以作为城市间相互借鉴的蓝本。

三、数据样本确立与数据清洗

(一)数据基础源

本文诉讼案例基于最高人民法院的中国裁判文书网整理。中国裁判文书网已成为全球最大的裁判文书公开平台,而且数据量越来越大。2017年8月,中国裁判文书网总访问量突破100亿次,公开文书累计超过3247万篇,日均访问量1729万人次,单日最高访问量500万人次,超过17.5亿次访问量来自海外的210个国家和地区。

本次整理的案例为"十三五"期间(2016—2020年)判决的案例,而非立案的案例。截至2021年4月5日,2020年审结的一些案例还在增加过程中,不过这部分数量已经不大,可以忽略。

(二)数据样本选取:基于爬虫工具

1. 工具选取及主题词选取

本文爬虫工具的开发使用了C语言,其集成开发环境是Visual Studio 2019。这种基于爬虫工具获取的数据,简称"爬虫数据"。

围绕中国"十三五"会展司法案例,选取关键词:①会展;②展览;③节庆;④演出;⑤赛事;⑥会展+知识产权。需要说明的是,会展现在一般认为包括会议、展览、节庆、演出和赛事活动五大板块。但是在以"会议"为关键词进行法律文书全文搜索时,发现有143万件案例,以"判决结果"为条目进行搜索,结果有接近1万件案例。无论是全文搜索还是判决结果查找,对结果进行初筛时发现基本不属于会展类型案件。可见"会议"这个关键词在会展学界和业界是清楚的,但是在裁判文书中是难以区分的。因此,本文放弃以"会议"为关键词筛选数据,增加"会展"关键词进行全部筛选。

因此,本次关键词的筛选分为三个层次:第一层是"会展",针对会展司法的整体状况。第二层是"会展"中的展览、节庆、演出和赛事。之所以选取了"会展"后仍然对会展外延进行挖掘,是因为赛事、节庆等会展活动很难在"会展"中体现出来。第三层是"会展＋知识产权",主要是针对会展活动中的知识产权司法状况进行观察。上述三个层次尽管存在重叠内容,但是基于数据观察的特殊要求,并不矛盾。

在上述六类关键词的基础上,再按照法院层级(四级)、地域(31个省份)、裁判年份(2016—2020年)、案由和审判程序等判例属性再对上述六类关键词进行分类整理。

2. 数据的抓取过程及应用程序

利用爬虫从中国裁判文书网(https://wenshu.court.gov.cn/)中下载2016—2020年法律文书。

(1)以六类关键词和时间参数在中国裁判文书网上搜索后,找到Network,分析网页后台操作;

(2)请求方法POST;

(3)设置搜索参数;

(4)对加密生成的参数追根溯源,找到生成方法后,调用JS生成或直接用PyCryptodome的DES解密;

(5)将数据保存到Excel中。

3. 数据的清洗过程和初步统计

按照法院层级、地域、裁判年份、案由和审判程序五个维度分别进行数量统计。根据以下步骤清洗数据。

(1)统一同一"地域"的不同说法,合并同类项;

(2)利用数据分列的方法提取裁决日期中的"裁判年份"信息;

(3)利用分列、替换等方法剔除"案由"数据中的无效符号,随后将一个案件中的多个案由拆开统计;

(4)结合案件标题等信息填补"审判程序"部分的空白值;

(5)完成数据清洗后,利用数据透视表选择相应字段,生成各个维度的数量报表。

4. 数据清洗过程中的问题

从目前中国裁判文书网提供的高级检索途径(见图1)来看,可以提供全文检索,其中包括全文、首部等9项选择。除了"全文检索"的9项选择外,另外提供了7项选择性搜索以及9项输入性复合型选择。"全文检索"几乎可以将所有需要的字段一网打尽,但是清洗难度特别大。例如有的当事人名字为"杨会展""李会展"等,有的案件发生在某"会展路",这样的意外情形很多,所以数据清洗难度很大。经过初步清洗后,整理出以"会展"为关键词的各省份结案数量表(见表1)。从表中数据可以看出,贵州省以5115个结案数量排名第一,广东省以4750个结案数量排名第二,山东省以4205个结案数量排名第三。广东省和山东省排名靠前可以理解,但是排名如此靠前值得商榷,贵州省排名第一是否真实?

  为保证数据准确性,需再一次对其进行清洗。经过进一步个案抽查,并且结合其他搜索,得知贵州省贵阳市,广东省广州市、中山市和珠海市等,山东省济南市,辽宁省大连市等城市都有"会展"道路。这样的例外情形还有多少?结合中国裁判文书网提供的搜索路径看,这些数据清洗难度仍然非常大。

图1　中国裁判文书网高级检索途径

表1　以"会展"为关键词的各省份结案数量表

省(区、市)	数量/件	省(区、市)	数量/件
贵州	5115	福建	1853
广东	4750	江苏	1675
山东	4205	广西	1333
辽宁	3856	黑龙江	1307
江西	3542	陕西	1053
浙江	3151	重庆	1002
北京	2836	云南	979
河南	2666	湖北	934
湖南	2574	吉林	821
四川	2458	河北	710
上海	1944	安徽	655

续表

省(区、市)	数量/件	省(区、市)	数量/件
天津	644	甘肃	269
新疆	452	宁夏	159
海南	311	青海	95
内蒙古	281	西藏	28
山西	272		
总计			51930

(三)数据样本选取:基于手工操作

1. 数据获取方式与步骤

手工案例整理主要针对我国各级法院在2016—2020年所审理的会展企业(含会展行业协会)涉诉案件。中国裁判文书网命名方式通常为"原告＋被告＋案由＋审判程序＋案件类型",所以为提高检索效率和准确率,通过"高级检索"进行。截至2021年3月27日,在"高级检索"菜单中选择"判决结果:会展",搜索结果显示共检索到3688篇文书,再对无关案件进行排除,最终得出真正与"会展"有关的案例。这种基于手工操作获取的数据,简称"手工数据"。

2. 手工检索结果及不足

案例检索整理至2021年3月27日。但是直至2021年4月初,2020年审结的会展相关案件仍未完全发布至中国裁判文书网。在检索到的3688篇案件文书基础上,对中国裁判文书网重复发布的案件进行了去重处理,把合并审理且案号相连的会展案件合并处理为一个案件。数据最终清理完毕后,共整理出会展企业结案案件1734件,这些案件包括一审终审案件、二审终审案件、申请再审案件以及案件执行。

限于检索方式对数量的限制以及人力负担,此次案件整理并没能涵盖所有的会议、展览、演艺和赛事等企业和活动类型。另外,由于访问量巨大,中国裁判文书网也会出现卡顿、乱码等检索状况,这些都或多或少地影响了人工检索。

四、"十三五"期间会展结案数量的年度审视:逐年递增趋势

(一)手工数据中结案量趋势

根据手工数据显示,2016—2020年审结案件的总数量分别为237、328、360、

479、330。除了 2020 年外,年度结案案件数量呈现逐年递增趋势(见图 2)。从不同审级法院来看,中级人民法院和基层人民法院的案件递增趋势更加明显;高级人民法院的数量较少,趋势明显度不如中级和基层人民法院(见图 3 与表 2)。

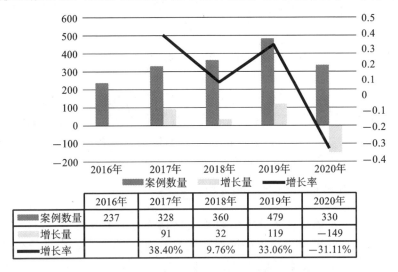

图 2 2016—2020 年会展案件结案量及增长率

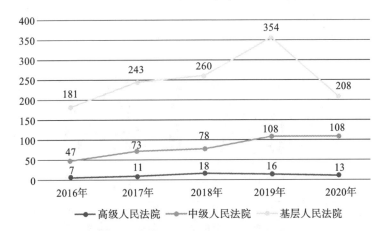

图 3 2016—2020 年地方三级法院审结会展案件量趋势

表 2 2016—2020 年各级法院审结会展案件数量

	2016 年	2017 年	2018 年	2019 年	2020 年	总计
最高人民法院	2	1	4	1	1	9
高级人民法院	7	11	18	16	13	65

9

续表

	2016年	2017年	2018年	2019年	2020年	总计
中级人民法院	47	73	78	108	108	413
基层人民法院	181	243	260	354	208	1245
总计	237	328	360	479	330	1732

根据2021年《最高人民法院工作报告》，自2004年以来，除了2020年外，案件量逐年递增，特别是民事案件量以年均10%的速度增长了15年，全国法院受理案件数量也先后突破2000万(2016年)和3000万(2019年)关口。2020年案件数量首次出现下降，这充分体现了在各级党委领导下推进一站式多元解纷机制建设的成效显著。除此之外，新冠肺炎疫情在客观上也是导致案件量下降的重要原因。疫情缓解后的数据以及疫情完全消除后的数据会更加值得重视。

(二)"爬虫数据"会展案件结案量趋势

爬虫数据显示的会展案件审结数量变化趋势与手工数据一致，这里以展览、节庆和演出活动的数据为例加以说明。就展览而言(见图4)，2016—2020年中，除了2020年，其他年份案件审结数量都逐年上升，且上升幅度达20%以上。2020年展览案件结案数量大幅度下降，这不仅说明展览活动纠纷数量减少，也说明2020年展览业在疫情背景下遭受重大打击。节庆案件审结数量增长趋势与展览案件一致，但是2020年节庆案件的结案数量遭遇断崖式下跌，下降50%以上，回

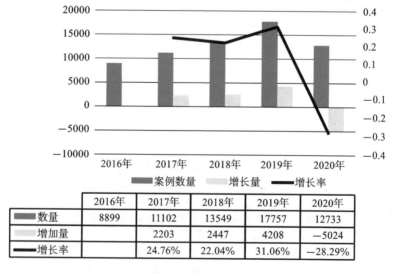

图4 2016—2020年展览案件结案量及增长率

到 2018 年以前的数量(见图 5)。2016—2020 年演出活动案件结案数量及增长率与展览案件和节庆案件的结案数量及增长率近乎一致(见图 6)。

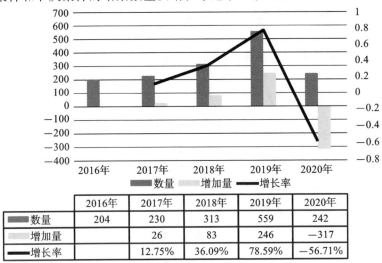

	2016年	2017年	2018年	2019年	2020年
数量	204	230	313	559	242
增加量		26	83	246	−317
增长率		12.75%	36.09%	78.59%	−56.71%

图 5　2016—2020 年节庆案件结案量及增长率

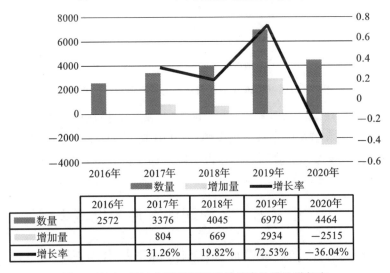

	2016年	2017年	2018年	2019年	2020年
数量	2572	3376	4045	6979	4464
增加量		804	669	2934	−2515
增长率		31.26%	19.82%	72.53%	−36.04%

图 6　2016—2020 年演出活动案件结案数量及增长率

五、"十三五"时期不同会展活动类型案件审视

会展诉讼案例在某种程度上能够显示会展活动内部不同活动类型的体量和特点。因为手工数据在本部分不具有参考价值,所以本部分内容以爬虫数据为基

11

准进行分析。

从会展活动外延看,不同类型会展活动案件审结量差别较大。展览案件结案数量遥遥领先,超过其他会展活动之和(见图7)。所以,以前"展览业"在某种程度上被代指会展业,是可以理解的。当然,由于会议产业的数据暂时无法清洗,所以,会议案件与展览案件从案件审结数量而言暂时无法对比。除了展览外,演出案件结案数量次之,赛事案件结案数量位列第三,节庆案件结案数量最少。这些案件审结量排序也基本反映出会展内部不同活动类型的体量和比重。

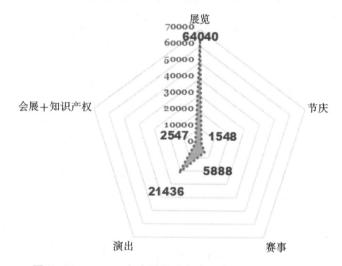

图7　2016—2020年会展活动各类型案例数量分布状况

从不同级别法院的结案数量来看(见图8),最高人民法院受理的案件量按照展览、演出、赛事和节庆顺序从多到少排列,其中节庆案件5年期间只有2例。高级人民法院、中级人民法院和基层人民法院遵循了同样的排列顺序:展览案件结案数量＞演出案件结案数量＞赛事案件结案数量＞节庆案件结案数量。

六、"十三五"会展司法案件的地域审视

(一)从地域看,会展业发展程度与涉诉量基本成正比

根据手工数据,北京市、上海市、广东省的会展企业诉讼量较高,北京市、上海市、广东省的会展企业涉诉量占全国的41.64%,这与京沪粤会展产业的发展程度相对较高是一致的。从审结案件法院地域看,除最高人民法院外,各省、自治区、直辖市的会展审结案件数量如表3和图9所示。从地域看,北京市、上海市和广东

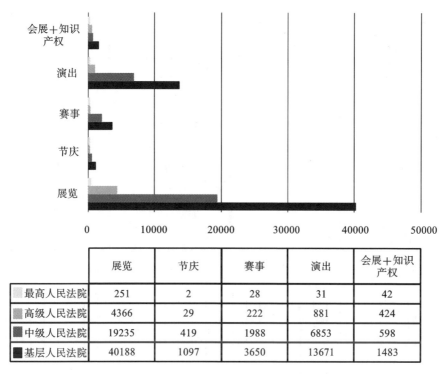

图8 2016—2020年会展判例中各类型法院层级数量分析

省的结案数量保持在前3名,四川省、山东省和浙江省的结案数量排名紧随其后,重庆市、江苏省、云南省和福建省的案件审结量保持在50—100件。除上述10个省份(见图10)外,其他21个省(区、市)的审结案件量在50件以下,其中,甘肃省和西藏自治区的审结数量在10件以下。

表3 2016—2020年各省(区、市)会展案件审结数量

省(区、市)	案件数量/件	省(区、市)	案件数量/件
北京市	295	江苏省	65
上海市	278	云南省	58
广东省	138	福建省	54
四川省	109	陕西省	49
山东省	98	河南省	40
浙江省	90	辽宁省	38
重庆市	68	贵州省	32

续表

省(区、市)	案件数量/件	省(区、市)	案件数量/件
湖南省	31	宁夏回族自治区	19
安徽省	25	山西省	18
海南省	25	黑龙江省	17
河北省	24	内蒙古自治区	15
广西壮族自治区	23	青海省	15
湖北省	21	江西省	10
新疆维吾尔自治区	20	甘肃省	7
天津市	20	西藏自治区	3
吉林省	20		

注：该数据不含最高人民法院审结的会展案件数量。

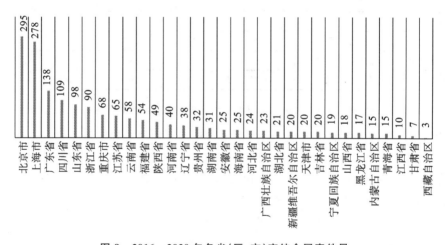

图9　2016—2020年各省(区、市)审结会展案件量

（二）不同类型会展案件的地域性明显

根据爬虫数据，不同类型会展活动的案件审结数量的地域性也比较明显。以赛事活动为例，北京市、上海市、广东省排名仍然在第一梯队，比较突出的是天津市，其赛事案件审结数量位列第三，且选取的31个省(区、市)都存在赛事活动纠纷(见图11)。这在某种程度上也能说明赛事活动的普及。但是会展＋知识产权案件则不然，分布在样本中的28个省(区、市)，内蒙古自治区、宁夏回族自治区和西藏自治区没有相应的案例出现(见图12)。

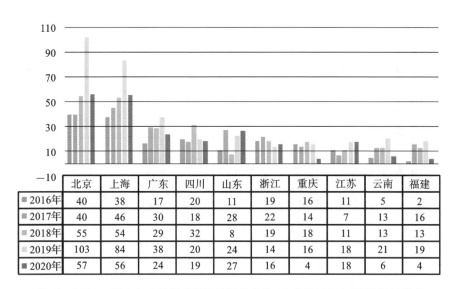

图10　2016—2020年会展案件结案数量排名前10的省（区、市）案件数量分布

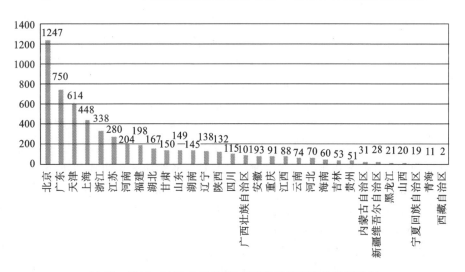

图11　2016—2020年各省（区、市）审结赛事案件数量排名

七、"十三五"时期会展审结案件的级别管辖

根据手工数据，从案件审理的法院级别来看，最高人民法院审理涉会展案件数量为9件，为合同纠纷案件以及知识产权侵权案件，含1起建设工程施工合同案件、1起计算机软件开发合同案件、4起侵害商标权案件、2起借款合同案件和1起

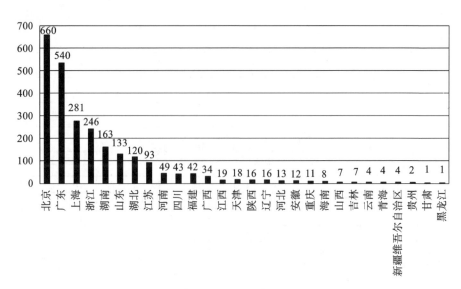

图 12 2016—2020 年各省（区、市）审结会展+知识产权案件数量排名

合同纠纷案件,为二审、再审和申诉、申请民事裁定案件。高级人民法院审理涉会展案件数量为 65 件,包含一审、二审和再审案件,多为合同案件和劳动争议案件。中级人民法院审理涉会展案件数量为 414 件,多为二审案件,同时包括其他各类型案件。基层人民法院作为一审案件受理单位,共审理涉会展案件 1246 件,数量最大。中级人民法院和基层人民法院审结的会展案件仍然多为合同案件,具体合同类型下面再进行分析。总体上看,四级法院案件受理量呈明显金字塔形。

分析各级别法院审结的案件数量,北京市、上海市和广东省都是名列前三。另外,四川省、山东省和浙江省的案件审结数量在各级法院中也比较突出,位列第二梯队。相对而言,甘肃省和西藏自治区在各级法院的涉诉和审结数量排在倒数。西藏自治区的高级人民法院和中级人民法院的涉会展案件审结数量为 0,基层人民法院的审结数量也是最少的。

在高级人民法院的涉会展案件审结数量排序中,广东省、北京市和上海市占据前 3 位。其中广东省 12 件,北京市 10 件,上海市 5 件。此外,青海省 4 件,四川省、浙江省、福建省、陕西省、吉林省和黑龙江省各 3 件;辽宁省、海南省、云南省和河南省各 2 件;山东省、重庆市、江苏省、河北省、贵州省、新疆维吾尔自治区、内蒙古自治区和甘肃省各 1 件。

与高级人民法院相比,在中级人民法院的涉会展案件审结数量排序中,"北、上、广"的次序有微调,北京市、广东省和上海市分列第一、二、三位。其中北京市 102 件,广东省 40 件,上海市 36 件。此外,四川省 33 件,山东省 23 件,重庆市 16

件,江苏省15件,浙江省、辽宁省和陕西省各14件,云南省10件。其他各省份都在10件以下:福建省9件,安徽省与河南省各8件,贵州省、海南省与黑龙江省各7件,湖南省、吉林省和天津市各6件,广西壮族自治区和湖北省各5件,内蒙古自治区、河北省、宁夏回族自治区和青海省各4件,新疆维吾尔自治区3件,山西省2件,甘肃省1件。

在基层人民法院的涉会展案件审结数量排序中,"北、上、广"的次序再次微调:上海市237件,北京市183件,广东省86件。山东省、四川省、浙江省和重庆市的案件审结数量都在50件以上,分别为73件、73件、73件和51件。江苏省49件,云南省46件,福建省42件,陕西省32件,河南省30件,湖南省25件,贵州省24件,辽宁省22件,河北省19件,广西壮族自治区18件,安徽省17件,山西省、湖北省、海南省和新疆维吾尔自治区各为16件,宁夏回族自治区15件,天津市14件,吉林省11件,内蒙古自治区10件。10件以下的省份为江西省、黑龙江省、青海省、甘肃省和西藏自治区,分别为9件、7件、7件、5件和3件。2016—2020年会展案件结案数量排名前10省(区、市)法院层级分布情况如图13所示。

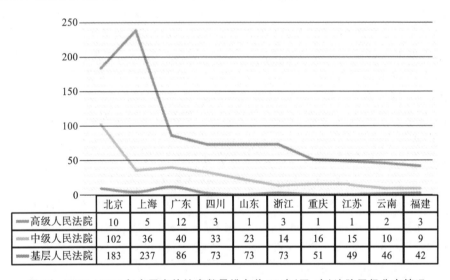

图13 2016—2020年会展案件结案数量排名前10省(区、市)法院层级分布情况

八、"十三五"时期会展纠纷案件的类型:以会展合同纠纷为主

根据手工数据,按照民事、行政和刑事案件来划分,1734件案件中民事案件有

1709件,占所有案件的98.6%;行政案件为21件;刑事案件仅为4件。根据审判程序划分,有一审、二审、再审、申请执行、执行恢复、执行裁定、民事裁定、赔偿决定等不同类型案件。按照审判法院级别看,基层人民法院审理的案件为一审案件;中级人民法院审理的案件多为二审案件,同时包括其他各类型案件;高级人民法院审理的案件包含一审、二审和再审案件;最高人民法院审理的案件为二审、再审和申诉、申请民事裁定案件。根据案由来划分,会展纠纷案件涉及合同案件、劳动争议案件、侵权案件、股权转让案件、商业诋毁案件以及"生命权、健康权、身体权纠纷"等不同类型案件。从企业内部管理看,会展企业劳动争议比较突出。会展企业劳动争议频繁,涉诉案件有147件,其中中级人民法院处理的有41起。会展企业经常作为民间借贷、金融借款的债务人,也经常为其他借款主体提供债务担保,会展企业借款涉诉案件有124件。观众、游客、提供劳务者人身损害案件时有发生;生命权、健康权、身体权侵权案以及建筑物(构筑物)倒塌、物件脱落(坠落)损害责任纠纷有38件,提供劳务者致害责任案件19件。

综合各级法院的会展审判案例看,在手工数据统计中,会展合同案件是最为典型的案件,会展合同纠纷发生率最高。根据手工数据,2016—2020年中级人民法院审结414件案件,其中合同类案件为254件(包含准合同不当得利案件4起),占60%以上。会展合同类型案件始终是涉会展案件的主流。会展合同案件分布较广,贯穿会展活动的各个环节,体现为建设工程设计合同、建设工程施工合同、租赁合同、房屋租赁合同、委托合同、合伙合同、承揽合同、旅店服务合同、买卖合同、计算机软件开发合同、抵押合同、居间合同、服务合同以及其他类型合同。

以北京市中级人民法院为例(见表4)。北京市中级人民法院共审结102起会展案件,其中合同纠纷为63件,约占所有案件的61.8%。

表4 北京市中级人民法院结案会展合同案件

	案件	类型	地区	进度
1	上海赤灵会展服务有限公司与宜兴保集置业有限公司申请解除财产保全案	仲裁纠纷申请解除财产保全	江苏省无锡市	民事裁定
2	上海慧升智能科技股份有限公司与上海艺广会展服务有限公司承揽合同纠纷案	承揽合同纠纷	上海市	二审
3	绵阳科发会展旅游有限责任公司与四川亚欧灵客科技服务有限公司、北京亚欧灵客咨询服务有限公司、王丽洁合同纠纷案	合同纠纷	四川省绵阳市	执行恢复

续表

	案件	类型	地区	进度
4	哈尔滨红博物产经营有限责任公司与哈尔滨国际会展体育中心有限公司等合同纠纷案	履行和解协议纠纷	黑龙江省哈尔滨市	执行裁定
5	李桂芳与广东怡佳会展集团有限公司、毛纪华债权转让纠纷案	股权转让纠纷	河南省洛阳市	二审
6	云南会达会展有限公司与云南路中韵酒店有限公司旅店服务合同纠纷案	旅店服务合同纠纷	云南省昆明市	二审
7	北京金果万州商业管理有限责任公司与北京引领国际商务会展有限公司房屋租赁合同纠纷案	房屋租赁合同纠纷	北京市	二审
8	北京金港建设股份有限公司与广东平洲大明宫玉石珠宝国际会展有限公司建设工程施工合同纠纷案	建设工程施工合同纠纷	广东省佛山市	上诉裁定
9	云南南茂企业管理有限公司与东方环球（昆明）国际会展运营管理有限公司房屋租赁合同纠纷案	房屋租赁合同纠纷	云南省昆明市	二审
10	杭州盛邦会展服务有限公司与广州影烽灯光设备有限公司买卖合同纠纷案	买卖合同纠纷管辖权异议	广东省广州市	二审
11	湖南合佳创会展服务有限公司与李凯不当得利纠纷案	不当得利纠纷	湖南省长沙市	二审
12	昆明国际会展中心有限公司与瑞丽珠宝玉石首饰行业协会买卖合同追偿权纠纷案	（展会买卖合同）追偿权纠纷	云南省昆明市	二审
13	广州欣会展览策划有限公司与广州耀日化妆品科技有限公司承揽合同纠纷案	承揽合同纠纷	广东省广州市	申请执行
14	百奥泰国际会议（大连）有限公司与大连四叶草会展有限公司商业诋毁纠纷案	商业诋毁纠纷	辽宁省大连市	二审

续表

	案件	类型	地区	进度
15	中国人民财产保险股份有限公司南京市分公司与南京同允会展服务有限公司等机动车交通事故责任纠纷案	机动车交通事故责任纠纷	江苏省南京市	二审
16	叶海兵与亿度会展（上海）有限公司劳务合同纠纷案	劳务合同纠纷	上海市	二审
17	高士林、淄博国际会展中心有限公司房屋租赁合同纠纷案	商铺租赁合同纠纷	山东省淄博市	申请执行
18	潘友与莫坚、长春华玉会展服务有限公司提供劳务者受害责任纠纷案	提供劳务者受害责任纠纷	吉林省长春市	申请再审
19	长沙佳洋会展服务有限公司与林致远产品责任纠纷案	产品责任纠纷	福建省福州市	二审
20	斯柏安设计咨询（深圳）有限公司与环球融创会展文旅集团有限公司建设工程设计合同纠纷案	建设工程设计合同纠纷	四川省成都市	二审
21	湖南捷湘供应链有限责任公司与湖南亚洲湘会展有限公司参展合同纠纷案	（参展）合同纠纷	湖南省长沙市	二审
22	陕西省秦岭国际会展有限责任公司与西安环亚展览装饰工程有限公司合同纠纷案	合同纠纷	陕西省西安市	二审
23	上海东道会展服务有限公司与高大志民间借贷纠纷案	民间借贷纠纷	北京市	二审
24	深圳康程国际会展旅游有限公司与深圳云旅通科技有限公司技术合同纠纷案	技术合同纠纷	广东省深圳市	二审
25	中国人民财产保险股份有限公司西安市分公司与王馨菲、西安众焱会议会展有限公司健康权纠纷案	健康权纠纷	陕西省榆林市	二审
26	高静与淄博国际会展中心有限公司房屋租赁合同纠纷案	商铺租赁合同纠纷	山东省淄博市	申请执行

续表

	案件	类型	地区	进度
27	青岛峰合国际会展有限公司与郑州航空港园博园实业有限公司合同纠纷案	合同纠纷	河南省郑州市	二审
28	哈尔滨工大高新技术产业开发股份有限公司与哈尔滨国际会展体育中心有限公司等合同纠纷案	履行和解协议纠纷	黑龙江省哈尔滨市	申请执行
29	郴州京瀠福城展览有限公司与郴州国际会展中心有限公司合同纠纷案	合同纠纷	湖南省郴州市	二审
30	北京优森美驰会展服务有限公司与南京知行新能源汽车技术开发有限公司合同纠纷案	合同纠纷申请强制执行	江苏省南京市	申请执行
31	上海科技会展有限公司与国家知识产权局商标申请驳回复审行政纠纷案	商标申请驳回复审行政纠纷	北京市	一审
32	广州市益豪科技贸易发展公司与广州商务会展促进服务中心租赁合同纠纷案	（租赁）合同纠纷	广东省广州市	二审
33	环球融创会展文旅集团有限公司与浙江精工钢结构集团有限公司建设工程施工合同纠纷案	建设工程施工合同纠纷	四川省成都市	二审
34	上海惠盛展览服务有限公司与上海景桥会展服务有限公司承揽合同纠纷案	承揽合同纠纷	上海市	二审
35	北京京东绿安会展服务有限公司与上海睿意会展服务有限公司加工合同纠纷案	加工合同纠纷	上海市	申请执行
36	北京金泰国际会展有限公司三亚分公司、北京金泰恒业国际旅游有限公司海南分公司与三亚兰海水城建设投资有限公司返还原物纠纷案	返还原物纠纷	海南省三亚市	管辖裁定
37	北京金泰国际会展有限公司三亚分公司与三亚兰海水城建设投资有限公司、三亚金泰地产投资有限公司等返还原物纠纷案	返还原物纠纷	海南省三亚市	管辖裁定

续表

	案件	类型	地区	进度
38	世界旅游大使国际赛事有限公司与重庆杰石超玉会展服务有限公司合同纠纷案	合同纠纷	四川省内江市	二审
39	刘旭与桂林市会通天下会议会展有限公司房屋租赁合同纠纷案	房屋租赁合同纠纷	广西壮族自治区桂林市	二审
40	天津越美会展科技有限公司与杨卓申请撤销仲裁裁决特别程序案	申请撤销劳动争议仲裁裁决	天津市	民事裁定
41	重庆庆中会展服务有限公司与袁燚劳动争议案	劳动争议纠纷	重庆市	二审
42	天津越美会展科技有限公司与寇丽君申请撤销仲裁裁决特别程序案	申请撤销劳动争议仲裁裁决	天津市	民事裁定
43	天津越美会展科技有限公司与苏娜申请撤销仲裁裁决特别程序案	申请撤销劳动争议仲裁裁决	天津市	民事裁定
44	安徽佰鑫会展有限公司与许朋飞、范孝林股东资格确认纠纷案	请求变更公司登记纠纷	安徽省合肥市	二审
45	湖南新物产集团有限公司与长沙市会展行业协会合同纠纷案	合同纠纷	湖南省长沙市	二审
46	新疆国际会展中心与通力电梯有限公司乌鲁木齐分公司、通力电梯有限公司等生命权、健康权、身体权纠纷案	生命权、健康权、身体权纠纷	新疆维吾尔自治区乌鲁木齐市	二审
47	西安灵境科技有限公司与上海新海逊会展服务有限公司计算机软件开发合同纠纷案	计算机软件开发合同纠纷申请执行	上海市	申请执行
48	杭州汇林工业设计有限公司与浙江世养会展有限公司申请强制执行案	申请强制执行	浙江省杭州市	申请执行
49	河南久宏建设工程有限公司与郑州通航会展有限公司建设工程施工合同纠纷案	建设工程施工合同纠纷	河南省郑州市	一审

续表

	案件	类型	地区	进度
50	江苏赛麟汽车科技有限公司与上海同立会展服务有限公司服务合同纠纷案	服务合同纠纷	江苏省南通市	二审
51	三亚飞华游艇销售有限公司与海南恒翔会展传媒有限公司船舶租用合同纠纷案	船舶租用合同纠纷	海口市	申请执行
52	段永峰与淄博国际会展中心有限公司房屋租赁合同纠纷执行实施案	商铺租赁合同纠纷申请执行	山东省淄博市	申请执行
53	耿玉芳与淄博国际会展中心有限公司房屋租赁合同纠纷执行实施案	商铺租赁合同纠纷申请执行	山东省淄博市	申请执行
54	张杰与淄博国际会展中心有限公司房屋租赁合同纠纷执行实施案	商铺租赁合同纠纷申请执行	山东省淄博市	申请执行
55	哈尔滨航港建筑工程有限公司与哈尔滨工大集团股份有限公司、哈尔滨国际会展体育中心有限公司建设工程施工合同纠纷案	建设工程施工合同纠纷	黑龙江省哈尔滨市	一审
56	北京品信国际会展有限公司等与朱腾芳等承揽合同纠纷案	（展台）承揽合同纠纷	北京市	二审
57	三河市永芳园林有限公司与三河市新创会展服务有限公司服务合同纠纷案	（园林绿化）服务合同纠纷	河北省廊坊市	二审
58	碧连天会展服务（上海）有限公司与浙江卡馥特纺织有限公司服务合同纠纷二审案件	（参展）服务合同纠纷	上海市	二审
59	上海海东房地产有限公司与上海傲圣会展服务有限公司服务合同纠纷案	服务合同纠纷	上海市	二审
60	西安众焱会议会展有限公司与自贡和合文化传播有限公司申请破产清算案	债权人（申请破产）	四川省自贡市	一审
61	贺州市人民政府与广西可凡会展服务有限公司等行政处罚申请撤回起诉案	行政处罚申请撤回起诉	广西壮族自治区贺州市	一审

续表

	案件	类型	地区	进度
62	百瑞国际会展集团有限公司与栾慧鑫劳动争议案	劳动争议纠纷	北京市	二审
63	姚敬与贵州大兴东会议会展管理有限责任公司、大兴东国际演艺有限公司等合同纠纷案	合同纠纷	吉林省延边朝鲜族自治州	申请执行
64	肖安华与贵阳银源会展中心有限公司、贵阳智亿房地产开发有限责任公司等借款合同纠纷案	申请执行借款合同纠纷	贵州省贵阳市	申请执行
65	陕西省会展中心与徐文波劳动争议案	劳动争议纠纷	陕西省西安市	二审
66	广东双威国际会展有限公司与徐清劳动争议案	劳动争议纠纷	广东省广州市	二审
67	南京东坤会展服务有限公司与徐州市新盛超华置业有限公司商品房销售合同纠纷案	商品房销售合同纠纷	江苏省徐州市	二审
68	深圳市彼岸大道贰拾柒号投资合伙企业与哈尔滨国际会展体育中心有限公司等金融借款合同纠纷案	金融借款合同纠纷	黑龙江省哈尔滨市	一审
69	徐州苏海车城会展有限公司与徐州市淮海食品城管理处民间借贷纠纷案	民间借贷纠纷	江苏省徐州市	二审
70	环球融创会展文旅集团有限公司（原成都环球世纪会展旅游集团有限公司）与卢文广、曾菊香商品房预售合同纠纷案	商品房预售合同纠纷	四川省内江市	一审
71	中鑫会展服务（北京）有限责任公司与北京旅友华谊国际广告展览有限公司确认合同效力纠纷案	确认合同效力纠纷	北京市	二审
72	上海文呈君业会务会展服务有限公司与上海有谱视听设备有限公司租赁合同纠纷案	租赁合同纠纷	上海市	二审

续表

	案件	类型	地区	进度
73	北京东亚信义国际会展中心有限公司等与何妍商品房销售合同纠纷案	商品房销售合同纠纷	北京市	二审
74	北京博尚合众会展有限公司与崔文杰承揽合同纠纷案	承揽合同纠纷	北京市	二审
75	昆山仁旺商贸有限公司与国采（武汉）会展投资建设有限公司企业借贷纠纷案	借款合同纠纷	湖北省武汉市	二审
76	南京凯翎会展业有限公司与江苏润瑞和硕装饰工程有限公司建设工程合同纠纷案	建设工程合同纠纷	江苏省南京市	二审
77	喀什市国际会展中心与喀什市海鑫投资有限公司房屋租赁合同纠纷案	房屋租赁合同纠纷	新疆维吾尔自治区喀什地区	二审
78	鑫沅资产管理有限公司与哈尔滨国际会展体育中心有限公司保证合同纠纷案	保证合同纠纷	黑龙江省哈尔滨市	一审
79	张某与山东瑞嘉丰会展服务有限公司民间借贷纠纷案	民间借贷纠纷	山东省济宁市	二审
80	四川万橙会展服务有限公司与四川富茂置业有限公司合同纠纷案	合同纠纷	四川省绵阳市	二审
81	北京飞鹰超华会展服务有限公司与孟庆华劳动争议案	劳动争议	北京市	二审
82	甘肃三力会展服务有限公司与唐亚红提供劳务者受害责任纠纷案	提供劳务者受害责任纠纷	甘肃省定西市	二审
83	西安曲江国际会展投资控股有限公司与郭红侠排除妨害纠纷案	排除妨害纠纷	陕西省西安市	二审
84	长春市紫星会展服务有限公司与长春华天酒店管理有限公司合同纠纷案	合同纠纷	吉林省长春市	二审
85	王笑天与辽宁迪沃斯特会展有限公司执行异议之诉案	执行异议	辽宁省沈阳市	二审

续表

	案件	类型	地区	进度
86	丹东市自然资源局与丹东国门湾会展城投资管理有限公司单方解除行政协议纠纷案	单方解除行政协议纠纷	辽宁省丹东市	二审
87	朱拥军与谢法岛、北京东亚信中国国际会展中心有限公司等建设工程分包合同纠纷案	建设工程分包合同纠纷	北京市	二审
88	北京恒泰佳宜国际会展有限公司与刘少华申请撤销仲裁裁决案	申请撤销（劳动）仲裁裁决	北京市	申请撤销仲裁裁决
89	深圳前海中企联盟环球国际会展科技有限公司管理人申请破产清算案	申请破产清算	广东省深圳市	破产民事裁定
90	北京中唐宏业建材有限公司与北京昂昊会展服务有限公司买卖合同纠纷案	买卖合同纠纷	北京市	二审
91	浙江米奥兰特商务会展股份有限公司与佛山联创华联电子有限公司服务合同纠纷案	服务合同纠纷	浙江省杭州市	二审
92	绵阳科发会展旅游有限责任公司与四川亚欧灵客科技服务有限公司等合同纠纷案	合同纠纷	四川省绵阳市	执行裁定
93	上海满江洪会展服务有限公司与胡茂伟申请撤销仲裁裁决案	申请撤销（劳动争议）仲裁裁决	上海市	一审
94	崔某某与济南煜嘉会展服务有限公司金融借款合同纠纷案	金融借款合同纠纷执行异议	山东省青岛市	执行裁定
95	孟庆华等与北京飞鹰超华会展服务有限公司劳动争议案	劳动争议	北京市	二审
96	百瑞国际会展集团有限公司与徐海中劳动争议案	劳动争议	北京市	二审
97	百瑞国际会展集团有限公司与蒋泽晨劳动争议案	劳动争议	北京市	二审
98	北京惠通华远国际会展中心有限公司等与张有旺商品房预售合同纠纷案	商品房预售合同纠纷	北京市	二审

续表

	案件	类型	地区	进度
99	北京昂昊会展服务有限公司与北京恒远运通物流有限公司等运输合同纠纷案	运输合同纠纷管辖权异议	北京市	二审
100	浙江闪驰会展服务有限公司与杨敏杰车辆租赁合同纠纷案	车辆租赁合同纠纷	浙江省杭州市	二审
101	北京兰颖泽会展有限公司与袁俨申请撤销仲裁裁决案	申请撤销（劳动争议）仲裁裁决	北京市	一审
102	上海鲁尔会展服务有限公司与青岛睿杰塑料机械有限公司委托合同纠纷案	委托合同纠纷	山东省青岛市	二审

总之,《民法典》对以前《合同法》(《民法典》颁布后废除)中的内容再次扩张,不仅增加了四类有名合同,而且将不当得利和无因管理作为准合同。可以预测,会展合同纠纷如无意外将有增无减。

九、"十三五"时期会展知识产权案件

我国不仅是会展大国,还是知识产权大国。根据世界知识产权组织（WIPO）《2018年世界知识产权指标》,2017年,中国受理的发明专利申请达到138万件,超过了美国、日本、韩国和欧洲的总和；商标申请量达到570万件,远超美国、日本、欧盟和伊朗之和；工业设计申请量达到62万多件,也远超欧盟、韩国、土耳其和美国之和,相当于全球总数的50.6%。我国已经成为知识产权大国,知识产权保护在我国目前受到前所未有的重视。我国会展知识产权争议是我国会展活动争议中最为突出的内容。① 正是基于会展知识产权司法的重要性,在进行爬虫数据抓取时,特别设立"会展＋知识产权"项目。会展知识产权案件的数量分布与会展整体案件的数量趋势并不完全一致。其他年份相比2016年会展知识产权案件数量都有大幅度提高,但是并非呈现逐渐递增趋势,而是出现"增—降—增—降"的规律,呈现螺旋式上升趋势(见图14)。

十、"十三五"会展纠纷案件的法律适用依据

根据审结会展案件的法律适用依据,在程序法上以《民事诉讼法》为主。在中

---

① 张万春.我国会展争议解决研究[M].北京:经济日报出版社,2015.

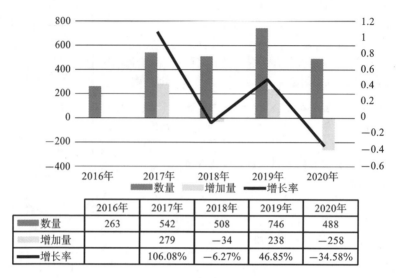

图 14　2016—2020 年会展知识产权审结案例

国裁判文书网上以"民事诉讼法"和"会展"进行复核搜索,以《民事诉讼法》作为程序法依据的案件有 47431 件,占总案件数量的 70% 以上。这意味着大量的会展案件在审判时从程序上依据了《民事诉讼法》。依据手工数据推断,由于会展民事案件占绝大多数,所以《民事诉讼法》自然是程序法适用的主要依据。

从适用实体法看,以"民法"为法律依据的会展案件数量为 21514 件,约占总案件数量的 1/3。在"判决结果"含有"会展"的 4540 件案件中,以《合同法》及其司法解释为适用依据的占 1753 件,占 1/3。依据爬虫数据推断,由于会展知识产权案件占比很高,因而知识产权有关立法也应当是会展知识产权案件的适用法律依据以及重要会展案件实体法依据。

从会展立法看,以《营业性演出管理条例》作为法律依据的案件只有 9 件,以《大型群众性活动安全管理条例》为法律依据的只有 4 件,以各地会展立法为法律适用依据的检索结果数量为 0。这充分说明,各地会展立法还没有真正实施起来。同时,各地会展立法中相应的法律责任也缺乏规定。但是不能因此质疑地方会展立法的必要性。从目前各地会展立法属性和内容看,会展法的管理法属性变弱,而促进法属性加强。因此,各地的会展立法应当加大宣传力度,更应当加强科学立法。

十一、结论及待探索的问题

通过手工数据与爬虫数据的双重分析,本文所研究的问题已经基本得到解决。根据数据可以看到，会展涉诉案件和审结案件越来越多，呈正增长趋势，这既是目前诉讼发展的趋势，也是会展业壮大发展的一种体现。从地域发展来看，京沪粤仍然是会展业发展的第一梯队。从会展争议类型看，会展合同纠纷、会展知识产权纠纷以及会展劳动争议仍然是会展争议的主流。

研究最初的提问已经部分得到解决，一些担忧已经落地。但是新的问题随之产生，新的工作也随之而来。

第一，"会议"研究缺项和数据样本问题。"会议"部分数据量太大，如何将协会会议、公司会议等会议从大量的会议中清洗出来？如何将日常会议清洗出去？哪些会议可以成为研究样本？这些不仅是理论问题，而且是大数据研究的实务问题。

第二，会展合同争议的分类研究仍然值得深入。《民法典》在《合同法》15种有名合同的基础上增加到19种，增加了保证合同、保理合同、物业服务合同和合伙合同。除了这19种有名合同外，还有很多无名合同。在中国裁判文书网中，有很多合同在案由中不能归入有名合同，仍然属于广义上的合同，这些合同与会展业发展的关系需要关注。

第三，会展知识产权案件的分流问题。随着诉累增加和民事诉讼繁简分流制度的改革，有很多案件可能不能在中国裁判文书网中体现出来，进入诉讼视野并有裁判结果的只是一部分会展知识产权争议数据。并且，在会展现场活动的争议，有的经过调解或仲裁等争议解决途径已经获得解决，也无法进入中国裁判文书网之列。这不仅是会展知识产权争议问题，会展劳动争议也面临这样的问题。

第四，"数据代表"问题。它是指在大数据处理过程中，经过一系列筛选、剔除等人工或计算机自动化处理工作后，哪些数据可以成为分析和研究的样本或者代表，这是大数据研究的一个问题。会展知识产权争议和会展劳动争议在"数据代表"问题上体现更加明显。

第五，会展专门立法的转化问题。如何将各地已经制定的会展法应用到诉讼当中？能否运用到诉讼当中？会展立法需要如何开展？这一系列问题都需要深入研究。

第六，中国会展法治指数的构建问题。本文研究的目的不仅是发现我国会展司法当中的一些规律和印证会展业发展中的一些规律，最重要的是构建看得见的会展正义、评估我国各地会展法治和会展业本身发展的环境和状况、推动中国会展业发展的环境优化和中国会展法治保障路径的进行。很显然，前面提到的问题无法解决，中国会展法治指数的构建就很难科学地完成。

第二篇　国家战略与会展法治

　　会展业发展与国家战略之间关系密切。一方面,国家战略为会展业发展赋能,提升会展业地位与价值;另一方面,会展业为国家战略服务。全面依法治国的战略举措及《民法典》的颁布,都与会展业发展有着密不可分的关系。

双循环发展格局与会展业功能作用研究

储祥银[①]

摘　要：双循环发展新格局的实质是深化改革开放，充分发挥市场作用，更好利用国内、国际两种资源、两个市场，加快经济社会发展，推进中国经济高质量发展，实现两个百年宏伟蓝图和中华民族伟大复兴战略。会展业是社会再生产中的重要环节，是构建现代市场体系和对外开放体系的平台，在国内国际双循环新发展格局建设中具有不可或缺的重要作用。会展行业要提高站位，增强服务双循环格局构建的自觉性；融入产业，增强服务产业链、供应链、价值链运转的使命感；创新服务模式，加强政策法规建设，健全法制体系，促进良性发展。

关键词：双循环发展格局；会展业地位作用；发展建议

引　言

党的十九届五中全会审议通过的《中共中央关于制定国民经济和社会发展第十四个五年规划和二〇三五年远景目标的建议》（以下简称《建议》）深入分析了我国发展面临的国际国内形势，清晰地展望了2035年基本实现社会主义现代化的远景目标，明确提出了"十四五"时期我国发展的指导方针、主要目标、重点任务、重大举措，集中回答了新形势下实现什么样的发展、如何实现发展的重大问题。《建议》对构建以国内大循环为主体、国内国际双循环相互促进的新发展格局做出战略部署，明确了主攻方向和重要着力点。会展业是社会再生产中的重要环节，是构建现代市场体系和对外开放体系的平台，在国内国际双循环新发展格局建设中具有不可或缺的重要作用。

一、双循环新发展格局的本质特征

（一）双循环新发展格局的本质特征

形成国内大循环为主体、国内国际双循环相互促进的新发展格局，不仅体现

[①] 储祥银，中国会展经济研究会常务副会长，对外经济贸易大学中国国际品牌战略研究中心主任、教授、博士生导师。

了发展战略转型的内涵,也适应了国内基础条件和国际环境变化的时代特点,是中华民族伟大复兴战略全局和世界百年未有之大变局"两个大局"不断演化的反映。国务院副总理刘鹤撰文指出,构建新发展格局,关键在于实现经济循环流转和产业关联畅通。根本要求是提升供给体系的创新力和关联性,解决各类"卡脖子"和瓶颈问题,畅通国民经济循环。而做到这一点,必须深化改革、扩大开放、推动科技创新和产业结构升级。要以实现国民经济体系高水平的完整性为目标,突出重点,抓住主要矛盾,着力打通堵点,贯通生产、分配、流通、消费各环节,实现供求动态均衡。[①]

双循环发展新格局的实质是深化改革开放,充分发挥市场作用,更好利用国内、国际两种资源、两个市场,加快经济社会发展,推进中国经济高质量发展,实现两个百年宏伟蓝图和中华民族伟大复兴战略。

国内循环为主不是对国际循环的排斥,双循环格局的关键不是内外,而在于循环,在于通过国内、国际循环,物畅其流,货畅其通,让中国产业链、供应链、价值链通畅,让国家产业安全、经济安全不受制于人,发展有保障。

从宏观上看,双循环是要保证生产、分配、交换、消费、社会再生产循环运转正常、通畅、无阻碍,不断提高发展质量和效果,解决好人民日益增长的美好生活需要和不平衡不充分的发展之间的矛盾;从中观上看,解决好产业之间、地区之间、科学与技术之间、研发与产业化之间的协调均衡,实现良性循环;从微观上看,则要解决好企业产业链、供应链有序、贯通循环,确保产业链、供应链通畅。产业链和供应链是构建双循环的核心,是链接双循环的纽带,是推动双循环相互促进的重要力量。

(二)双循环新发展格局的主要任务

构建以国内大循环为主体、国内国际双循环相互促进的新发展格局,需要根据国际国内发展形势变化,针对现实经济发展实际,进一步调整和提高国内生产、消费的比重,促进国内、国际市场的融会贯通;提高自主可控技术及其产业占国民经济的比重,重要领域和关键技术逐步实现自主可控,保障国内产业链、供应链安全;提高国内需求占总需求的比重,加快形成强大的国内市场,使生产、分配、流通、消费更多地依托国内市场;提高消费需求占国内需求的比重,推进供给侧、需求侧改革,增强供需适配性;提高居民可支配收入占国民收入的比重,使居民收入

[①] 刘鹤.加快构建以国内大循环为主体、国内国际双循环相互促进的新发展格局[N].人民日报,2020-11-25.

的增长与经济增长同步,甚至快于经济增长;要提高国内国际循环的畅通性,进一步深化开放,提高参与国际竞争与合作的能力和水平。

双循环新格局构建的关键在于发展,在发展中建设,在发展中完善。在产业发展上,中央提出"巩固传统产业优势,强化优势产业领先地位,抓紧布局战略性新兴产业、未来产业";通过双循环进一步巩固中国世界制造中心、供应链中心地位,逐步发展成为创新与创造中心;一方面,加强自主创新补足产业链短板,利用战略腾挪空间大的特点,鼓励产业中西部梯度转移,国内确保产业链、供应链安全。针对国内经济循环目前存在的主要问题,需要建立更加完整的产业链体系;建立更加协调的区域经济体系;努力建设高质量的价值链;构建实体经济与虚拟经济良性循环体系;构建经济与社会的良性循环体系。

在促进国际循环方面,需要进一步扩大高水平对外开放,要从商品和要素流动型开放走向制度型开放,打开国门搞建设;维护多边主义,推动区域经济一体化,推动全球经济朝着更加开放、包容、普惠、平衡、共赢的方向发展;推进"区域全面经济伙伴关系协定(Regional Comprehensive Economic Partnership)"和中欧全面投资协定(EU-China Comprehensive Agreement on Investment)付诸实施,积极探讨加入"全面与进步跨太平洋伙伴关系协定(Comprehensive and Progressive Agreement for Trans-Pacific Partnership)";推进"一带一路"建设,向世界特别是广大发展中国家贡献中国智慧和中国方案。

二、会展行业的地位作用

(一)提高站位,增强服务双循环格局构建的自觉性

会展活动是推进国家战略、促进投资贸易、促进产业转型升级、推动科技文化体育交流、拉动消费、丰富居民生活的重要平台,在经济、社会发展中具有重要作用。

会展是主体产业链、供应链中的不可或缺的重要环节,是链接生产与消费、供给与需求、国际与国内的重要桥梁,是传播新理念,展示新技术、新产品、新服务,促进交易和合作,推动产业转型升级和进步的重要平台。会展产业链长,涉及会展场馆、工程设计、服务接待、酒店餐饮、物流运输、广告传媒等众多领域,活动项目一旦取消或者缩减规模,将危及整个产业链上的众多企业。会展活动还被誉为国民经济的"晴雨表"和"助推器",会展活动因新冠肺炎疫情影响而停办、延期、取消,不仅自身损失惨重,对整个国民经济运行,产业链、供应链运转及人民正常生活都产生了极大影响。

在疫情防控转入常态化条件下,积极采取切实措施推动会展活动有序恢复,促进会展业复业、复苏、复兴,不仅有利于增强会展行业发展信心,稳定会展产业链就业,保障会展企业正常运转;更重要的是有助于提振经济信心,疏通投资、贸易、消费通道,助推国民经济的全面复苏和居民日常生活的正常化;对于贯彻落实国务院"六稳""六保"工作要求,具有重要的现实意义。

(二)融入产业,增强服务产业链、供应链、价值链运转的使命感

会展作为平台和桥梁,紧密联系着供给和需求两端,一头系着生产,一头牵着市场,对于信息传播、市场营造、技术推广和创新发展具有十分重要的作用。

第一,通过会展活动的组织,将产品、服务、技术信息传递给消费者,将市场需求信息传递给生产者,为信息沟通和信息交流搭建平台,为生产更多、更好地切合市场需要的商品、服务和技术提供依据;第二,通过会展活动策划与组织,人为地打造一个商品、技术、服务交易市场,营造市场氛围,将散布于不同时间、区位的交易机会集中起来,扩大市场规模;第三,通过会展活动安排,将产品、服务发展和技术进步信息传导给业内同行,促进产业合作与进步,加快产品升级换代进程,助推产业升级;第四,通过会展平台,汇聚发展要素,通过最新技术、产品展示和最新思想、理念、信息交流,加快生产要素流动、新技术推广和生产效率提高,引领产业发展,催生新兴产业,助推产业结构调整,促进产业结构优化,进而为举办会展的国家、地区、城市经济增长、产业结构优化和发展环境改善做出贡献。

双循环格局产业链和供应链重构过程中,会展业要深入产业、融入产业,研究产业发展动态和趋势,研究产业发展面临的困难、痛点和难点,利用自身渠道优势、客户优势和资源整合优势,汇聚各类发展要素,为产业发展提供更精准的信息传递、市场扩大、产品升级服务,为产业链、供应链正常运转,为国际国内双循环的中国产业链重构、供应链再建和价值链提升做出实实在在的努力和贡献。

三、会展业发展建议

(一)理顺体制,健全全国管理、协调、促进体系

全面贯彻国务院《关于进一步促进展览业改革发展的若干意见》文件精神,加速推进全国管理、协调、促进体系的建设和完善;更好地发挥国家层面部际联席会议制度作用,进一步强化相关部门展览业发展的职责功能,切实解决制约展览业发展的公共服务瓶颈问题;地方要尽快理顺会展业管理体系,协调好部门间的功能职责,建立起切合当地实际、有利于促进会展业创新发展的管理体制和工作机

制。加强行业中介组织的组织建设和功能建设,推动建立国家会展行业协会,健全行业发展规范,提高行业自律水平。完善会展业统计体系,加大统计资料推广应用力度,更好地发挥统计监测作用。推动全国融会贯通,展、会、节、赛、演统筹,出展、来展兼顾,政令统一、协调一致,建立联席会议协调促进、主管部门管理监督、中介组织行业自律三位一体的会展业管理、监督、促进体系;健全事前登记注册、事中事后监督管理、全程服务机制,提供完整、准确、到位、高质量公共服务,加强会展行业监督管理和宏观指导。落实商务部、公安部、卫生健康委《关于展览活动新冠肺炎疫情常态化防控工作指导意见》,统筹做好疫情防控常态化和会展复业复兴工作。

(二)加强宏观引导,编制产业发展规划

组织全国会展市场调查研究,进一步摸清会展市场资源和发展趋势。在认真总结"十三五"期间会展发展的基础上,根据中央十九届五中全会精神,根据国务院文件要求、国家经济发展战略和产业升级部署,根据行业发展规律和产业发展要求,研究制订"十四五会展业发展规划",全面规划会展产业发展目标、规模、进程和布局,将会展产业发展纳入国民经济发展体系。

(三)加强法制建设,完善法治环境

加快会展业法律制度建设,逐步建立健全会展业法治体系,为会展业改革发展、管理促进、经营运作提供必要的法律依据和法制保障。推动研制"会展法",出台"会展业管理促进条例",明确各相关行为主体的功能定位和工作职责,明确管理促进的工作程序和工作规范,明确违犯条例的治理办法和惩治力度;修订"展览业知识产权保护办法",充实对展会本身知识产权保护的内容,加强展览业品牌、标识的知识产权保护,加大对展览业知识产权侵权行为的打击力度;加快会展诚信体系建设,建立会展业诚信认定、披露、表彰制度,奖惩分明、及时披露,严厉打击违约、失信行为;建立、健全会展业登记注册管理制度改革、事中事后监督管理、行业协调自律、企业自主经营的相关法律法规体系;加大法制宣传、推广力度,推动贯彻执行,加快法制化进程,完善法治环境。

(四)加强政策协调,优化营商环境

政府加强对会展业发展战略、规划、政策、标准等的研究制订和组织实施,完善有利于会展业发展的产业、财政和税收优惠政策体系;改善金融保险服务,建立融资性担保体系,加大担保机构对展览业企业的融资担保支持力度;优化公共服

务体系,提高通关便利化水平,进一步优化展品出入境监管方式,简化展品出入境检验检疫手续,提高展品出入境通关效率;建立国家会展产业发展专项资金,扶持中国会展产业做大做强;积极探讨解决营改增税制改革对会展企业实际影响问题,落实《营业税改增值税试点方案》的文件精神,认定会展行业为大量代收转付或代垫资金行业,同意其代收代垫金额予以合理扣除后计征增值税,或仿效物流业做法,降低会展行业应征所得税税率;探讨会展高科技企业适用科技企业、文创企业优惠政策的路径和方法;出台全国性鼓励扶持政策及奖励资金,改革商务部重点支持展会评选办法,完善政府专项会展扶持资金政策及实施细则;落实疫情防控出台的各项纾解救助政策,使之惠及会展企业;加强对地方、城市优惠鼓励政策的引导和协调,增强各地政策的协调性,鼓励地方依据市场规律出台政策措施,减轻政策对市场机制发挥作用的影响程度。

(五)推动供给侧结构改革,优化展览业结构布局

提高会展业发展站位,推动会展业供给侧结构改革,提高会展活动效能效益。加强对会展场馆建设的宏观指导,采取有效手段,盘活存量,调控增量,适当调控会展场馆建设的过度产能扩张;创新会展设施建设理念,突破单一功能场馆建设,鼓励集展览展示、论坛会议、餐饮住宿服务功能于一体的会展设施综合体建设,鼓励围绕会展产业链服务提供、城市服务功能融合的会展产业园区、会展产业集聚区、会展功能集聚区、会展生态区建设;加强博鳌亚洲论坛、东盟博览会等机制性和广交会、进博会、服贸会、投洽会等功能性会展活动的创新发展,发挥更好更大贸易、投资、合作促进功能;加强党政机关办展的管理协调,进一步清理、规范既有政府会展活动,控制新增政府展会的举办,探讨政府退出机制,逐步减少政府投入,提高政府展会市场化、专业化运作水平;配合国家经济社会发展战略,合理规划产业区位布局,推动形成会展产业带、会展产业城市集群,提高集群发展效应;鼓励差异化、特色化发展,扶植、培育地方产业特色鲜明、经济和产业促进作用突出的市场化展会项目;加大宏观引导和政策扶持力度,推出、建设一批全国重点会展城市、重点会展场馆和展会项目;配合国家人类命运共同体、"一带一路"倡议,协同推进出境展览,更好发挥出展文化联通、经济互通和市场开拓功能,提升出展效能效果,提高出展综合经济、贸易、社会、外交效应。

(六)打造服务品牌,提升服务水平

增强服务意识,创新服务理念,提高服务水平。全面提升会展行业专业化水平,用工匠精神打造专业会展服务,精心培育会展服务品牌,建设、培育一批特色

会展服务城市和品牌会展服务企业;研究制定会展行业各类服务标准和规范,加大宣传、推广力度,切实推动其贯彻实施;推动中国会展业评估、认证体系建设,规范会展业评比、表彰市场,建立国家级、权威性会展业评价、表彰制度;推广应用现代科学技术成果,创新服务手段和服务技巧,提高会展业信息化、智能化、智慧化水平;加强会展产业链建设,优化会展产业链环节服务,全面提升会展业服务质量和服务水平,提高专业化、市场化、国际化、品牌化、信息化水平,增强会展业的整体核心竞争能力。

(七)加强市场主体培育,增强行业竞争实力

加强会展市场主体培育,推进大型龙头企业建设。加大本土会展企业扶持力度,鼓励强强联合,跨界融合;拓宽企业融资渠道,鼓励社会资本介入,鼓励按PPP原则设置会展发展基金,鼓励企业上市,鼓励资本运作,购并重组;鼓励跨区域、跨行业、跨企业项目合作;鼓励业态创新,鼓励同类项目合并,股权合作,做大做强展览项目;鼓励集团化、集约化发展,打造中国会展企业航母。下大力气培育本土会展品牌,重点扶植行业品牌展会;创新发展,鼓励业态创新,展览、会议、节庆、赛事、演艺融合,鼓励模式创新,题材创新,推进展览业与优势产业和市场的高度结合,服务产业,服务市场,促进会展与旅游、康养、文化的融合;鼓励采用先进技术,鼓励线上线下融合发展;支持品牌展会走出国门,参与国际竞争,推动中国品牌展会的国际化移植,加大海外宣传力度,扩大中国展会品牌的国际影响力。

(八)创新服务手段,提高智慧化水平

推广应用现代科技成果,创新服务理念,更新服务手段,增加服务价值。运用"互联网+"思维,采用互联网技术,推动信息共享,促进供需匹配,提升互动体验,实现展会管理、服务智慧化,信息利用智慧化;拓展会展服务领域,延伸会展服务手段,提高会展服务效率,实现管理互动升级,让会展更具黏性,提高会展服务整体质量和水平;利用互联网技术对目标受众进行深度分析,了解客户需要,量身打造,提供精准定制服务,增强交易合作匹配度,提高展会实际交易成效;利用大数据技术,建设展会跟踪服务体系,实现客户关系管理智能化、智慧化;利用网络系统,推进展会流程程式化、智能化、规范化和管理自动化;应用最新二维码签到、移动互联网LBS、人脸识别技术,完善、提升现场服务;应用3D技术、直播互动、VR、AR、MR等再造展会现场,让用户全景感受展会氛围和认知展会品牌和企业;建设经济有效、自由方便、快速准确,具有极强互动性的网络平台,加强展前、展中、展后服务全过程管理,实现主办方、参展商、服务商和观众的互动体验和信息共享,

实现多方共赢;利用互联网技术为客户提供增值服务,提供线上线下展示、交易,线上线下金融、物流服务,节约交易成本,提高交易效率。

(九)加强协同合作,推进人才培养

发挥部际联席会议机制职能,联合商务、教育、人社等会展人才相关部门,加快健全、完善全国会展人才培养、使用、管理制度体系;提升会展教育地位,理顺会展学科归属,建立单独的会展学科教育指导委员会,加强重点院校、课程、重点实训基地建设;制定会展人才培养标准和技术岗位标准,将会展人才管理纳入国家专门技术人才管理体系;鼓励社会重视、支持、参与会展人才培养,加快推进产教融合,产学融合,鼓励有条件的企业设立会展教育奖学金、奖教金,设立实训基地;加强国际合作,引进先进会展人才培养理念、方法、机制,共同开发会展人才培养项目和教程;提高会展研究学术地位,将会展研究纳入国家社科、教育、商务研究系列,将会展技能策划比赛纳入国家技能大赛和教育部竞赛系列,将会展研究、人才培训、技能竞赛纳入会展发展资金扶持范围。

(十)践行绿色会展理念,促进展览业可持续发展

践行"绿色会展"理念,推进展览业"绿色、低碳、可持续"发展。加大"绿色会展"宣传推广力度,政府、行业、企业达成共识,形成共同的行动。政府部门研究推出绿色会展政策和要求,制定绿色会展奖惩条例,将节能减排、绿色会展与其他会展扶持政策挂钩,形成政策合力,支持绿色会展发展;推进会展材料,器具研发,生产、加工基地建设,营造环境氛围,推行环保集中综合治理解决方案,建立设施共享机制,节约成本,减轻企业环境治理压力;行业中介和龙头企业组织或牵头研制绿色会展行业标准、团体标准、企业标准,逐步完善绿色会展标准体系,加强宣传推广和推动实施;政府展会、龙头企业率先垂范,带头执行和实行绿色会展标准;展览主办单位在展览会现场应用现代信息技术,减少一次性材料使用;展览工程服务企业加快可回收、可循环、节能环保绿色展览器材的研发设计和加工生产,开发更多规格、品种新材料、新工艺产品,探索展具租赁、股权合作、资源共享等模式,降低使用成本,提高利用率,增加市场占有率。

构建新发展格局的会展法治保障研究路径

张万春

摘　要： 构建会展法治保障研究属于构建新发展格局研究的一部分。构建新发展格局与会展法治建设具有顶层设计上的匹配价值，有助于赋能会展法治建设并全面提升会展法治保障；而会展法治保障也有助于形成新发展格局战略的落地路径。厘清二者逻辑关系并明确其研究价值、战略价值对二者的建设都具有极为重要的意义。紧抓构建新发展格局的会展法治保障研究路径重点，在完善会展法治保障路径的同时，完成会展业对新发展格局的支撑研究。

关键词： 新发展格局；双循环；会展法；法治保障

引　言

构建新发展格局的会展法治保障研究路径与构建新发展格局的会展法治保障路径研究属于紧密联系但方向不同的两个问题，如同硬币两面。

疫情背景下在新发展格局范围内，建设会展平台法治保障，在国家战略层面具有重要意义。就会展业而言，构建新发展格局与会展法治保障建设具有顶层设计上的互动与匹配价值，在问题导向和目标导向上具有一致性与和谐性。构建新发展格局可为会展法治保障赋能，提升会展法治保障层级；而会展法治保障也有助于形成新发展格局战略的落地路径。

法治是治国理政的基本方式。在法治轨道上对于构建新发展格局的会展业建设，聚焦其问题与薄弱环节，是国家治理体系和治理能力现代化的重要表现。在国家改革开放继续开放、两个循环并行的大背景下，会展业发展与国家富强紧密联系在一起。

构建新发展格局是我国在"两个一百年"奋斗目标的历史交汇期提出的推动

---

① 基金项目：北京市社科基金研究基地重点项目"文化创意产业视角下北京会展业法治路径研究"（19JDFXA001）；北京政治文明建设研究基地开放课题"《民法典》时代地方会展立法研究"（21zzwm015）；北京学研究基地开放课题"北京文化软实力建设的会展撬动机制与法律规制"（SK60201902）。

② 张万春，北京联合大学应用文理学院法律系副教授、硕士生导师，中国会展经济研究会会展法律与政策工作委员会主任。

国家开放型经济向更高层次发展的重大战略部署,是"十四五"时期的中心内容和重大话题。虽然以"双循环"代指新发展格局更加方便,但是容易造成误解。构建新发展格局是 2020 年党中央在全局高度和战略层面做出的重大战略决策。习近平总书记在 2020 年 4 月 10 日中央财经委员会第七次会议、2020 年 5 月 14 日中共中央政治局常委会会议、2020 年 5 月"两会"、2020 年 7 月企业家座谈会、2020 年 8 月经济社会领域专家座谈会上多次谈及新发展格局战略。新发展格局写入《中共中央关于制定国民经济和社会发展第十四个五年规划和二〇三五年远景目标的建议》,并于十九届五中全会通过。

查阅各地"十四五"规划文本,新发展格局战略均已确立,会展业作为实现新发展格局的抓手也多有记载。会展业在新发展格局中的高站位、强作用与相关研究滞后之间的矛盾突出。地方会展立法表现积极,但因缺乏上位法及充足法理支撑而存在诸多问题。借新发展格局契机,应当深入反思现实问题,扎实论证法治路径,以立法为主全面推进会展法治保障建设。

一、新发展格局与会展法治保障研究综述

2020 年是新发展格局研究元年。习近平总书记和国务院副总理刘鹤对新发展格局具有统领性阐述。由于新发展格局理论具有战略全局视野,且有较为系统和成熟的顶层设计,因而目前这一部分研究更多是以基于语义诠释进行高屋建瓴的宏观阐述为主。随着政界、业界和学界对该理论的重视以及各地十四五规划的实施,新发展格局理论研究必然会从不同视角和不同领域全方位纵深展开。

构建新发展格局法治保障路径研究目前处于待发展阶段,学者多结合自己领域对其进行宏观研究。张守文(2021)从法治理论和经济法理论出发提出构建新发展格局的"发展型法治"。肖京(2020)从财税法角度提出健全财税法治是新发展格局形成的重要保障。郭天武(2021)结合粤港澳大湾区建设提出实现新发展格局的四项法治保障措施。储祥银(2021)认为构建新发展格局应加强法制建设并尽早出台会展法。

基于新发展格局的新颖性和期刊文章的时效性,截至 2021 年初,会展业中关于新发展格局的研究成果较少。新发展格局对会展业发展具有重要战略指导和现实意义(姜增伟,2021;倪玮 Aura Fu,2020)。新发展格局下会展业应主动在产业链和供应链重构过程中融入其他产业,增强服务双循环格局的自觉性(储祥银,2021)。会展业和会展活动对新发展格局的支撑作用受到肯定。进博会等会展活动是双循环结合点和连通国内市场和国际市场的枢纽(陈泽炎、Grace Ma,2020)。

会展功能与价值是服务新发展格局的最重要保障。国内对会展的研究分两

个阶段:第一个阶段始于清末而衰落于20世纪30年代。代表人物郑观应,他高度认同会展重要功能,认为"赛会"(博览会)是商业振兴之始。第二个阶段是中华人民共和国成立后,会展业开始发展,改革开放后会展业逐渐受到关注(乔兆红,2007)。我国会展研究复兴是在21世纪(应丽君,2001)。2002年设立会展专业,会展的政治传播、经济辐射、文化教育、人文体验、教育宣传等功能受到重视(余向平,2006;谭红翔,2007;俞华、朱立文,2005)。国外会展研究始于20世纪60年代(Boorstin,1961),发展于20世纪80年代中期,盛于20世纪末(Formica,1998),研究领域集中在会展营销(Leonard,2002;Mason,2005;Lynn,2011)和会展管理(Fayos-sola,1998;Ritchie,1984)。会展价值研究有六大影响(Ritchie,1984)、三重底线(Andrew,2009;Brown et al.,2015;Getz,2013)和五大交流功能(Tafesse & Skallerud,2015)学说。总之,会展价值中经济价值研究最多(王起静,2009;Getz,2008),文化、社会、生态和政治外交价值研究缺乏(Andrea,2017)。

会展法作为边缘性交叉学科,研究还处于初级阶段,多侧重于会展知识产权侵权及保护(曾晓英,2005;许传宏,2006;李春芳,2006;武晓芳,2006;李华伟,2007;王维晓,2008;厉宁,2009;陈博,2010;郑志涛,2013;刘秋芷,2014;子浩,2019;谌远知,2019;李蕾,2020)。此外,开始探讨会展法的一般性问题及会展立法(刘强,2005;刘龙飞,2010;樊英,2010;李琼,2011)。张万春从会展法一般理论、会展法争议解决以及会展在新发展格局下的价值与立法进行多方阐释。欧美会展业发达国家并无专门的会展法,因而有关会展法治保障研究较少,主要侧重于会展知识产权保护和会展保险(James,1992;Julia,2012)。

综合以上研究,构建新发展格局的会展法治保障路径(以下简称构建法治保障路径)研究需要在以下三个方面继续加强:第一,新发展格局与会展关联研究需要加强。新发展格局理论研究将从不同视角和领域进行全方位纵深展开。新发展格局与会展法治保障的关联视角研究较为缺乏。随着新发展格局理论的展开和会展学者重视,二者关系研究会更加具象化。第二,会展价值是支撑新发展格局的理论核心,服务于新发展格局的会展多重价值需要加强研究。我国会展经济迅速发展与我国对会展业的引擎效应认识密不可分。然而国内对会展经济价值研究仍然不充分,会展业的社会、文化和生态价值等更需深入研究。第三,会展法治保障研究急需加强。会展法治研究整体研究薄弱但具有重要研究价值,应提高新发展格局下会展业站位,针对上位法缺位和地方会展法治存在的诸多问题进行理论探索。

二、构建法治保障路径的研究价值

构建新发展格局的会展法治保障路径具有非常重要的学术价值。《国家社会科学基金项目 2021 年度课题指南》中,以"新发展格局"和"双循环"为题的条目合计为 25 项,分布在 10 个学科中。其中"新发展格局"为 16 项,含理论经济 2 项、应用经济 7 项、统计学 2 项、政治学 2 项、法学 1 项、国际问题研究 1 项和管理学 1 项;"双循环"条目为 13 项,含理论经济 4 项、应用经济 4 项、统计学 2 项、政治学 1 项、新闻学与传播学 2 项、体育学 1 项和管理学 1 项。所以,构建新发展格局已经引起各社会学科的全面重视。

就法学学科而言,构建新发展格局的法治保障路径研究具有三方面理论意义。首先,新发展格局赋能会展法治建设,为会展业发展和法治建设提供了新机遇。会展业应提高站位,会展立法应突破地域限制,立法层级和制度设计应进一步提升,会展法治保障得到改善,这是新发展格局赋能会展法治发展的思路。其次,会展业是构建新发展格局的落地路径,对新发展格局有战略支撑作用。历史和实践证明,会展业功能和价值随不同时期的国家战略而有不同的变化。会展业价值在国外有三重底线说,本文探索会展业在战略支撑方面的多重归一价值。最后,会展法律制度和会展法学的建立需要理论支撑,着眼于构建新发展格局的会展法治需要制度创新。从会展法、经济法等法学和传播学、会展学等多学科角度探索会展业规范运行和法律责任等问题,保障会展业高站位,为会展法提供理论支撑。

构建新发展格局的会展法治保障路径具有更为重要的应用价值。第一,有助于确保新发展格局有效落地。构建新发展格局可以从地域、市场、产业和制度等多方面进行探索。会展业可以作为贸易、投资和消费平台以及新兴产业的双重身份服务于新发展格局,最终形成构建新发展格局的新路径。第二,有助于改善我国会展业法治环境。我国地方会展立法活跃在一定程度上保障了会展法治环境。新发展格局的提出必将为地方和中央会展立法提供新契机、新动能,并将整体改善会展业法治环境。第三,有助于完善会展法立法草案。在研究各会展强国会展业法治保障基础上,基于我国各地会展业法规和地方规章的立法实践,在会展业新发展契机下完善相应立法并制定会展法草案,为确立中国特色会展法治路径做出铺垫。

三、构建法治保障路径的战略价值

在顶层设计方面,构建新发展格局是重塑我国国际合作和竞争新优势的战略决策,最本质的特征是实现国家高水平的自立自强。重大会展活动已经进入顶层设计的理论与实践中,与改革开放、国际贸易、营商环境和国际合作等重大主题密切相关并成为其中重要内容。习近平法治思想对于重大会展活动和改革开放有比较清晰的阐述。中国国际进口博览会(简称进博会)是世界上第一个以进口为主题的国家级展会,是我国进一步扩大改革开放,主动向世界开放市场的重大举措。如今进博会已成为国际采购、投资促进、人文交流、开放合作的四大平台。《国务院关于进一步促进展览业改革发展的若干意见》(国发〔2015〕15号)确定展览业已经成为构建现代市场体系和开放型经济体系的重要平台,在我国经济社会发展中的作用日益凸显。《关于推进对外贸易创新发展的实施意见》(国办发〔2020〕40号)围绕构建新发展格局提出加快推进"五个优化"和"三项建设",并把会展平台建设作为贸易促进平台建设的"三项建设"之一,对进博会、广交会、服贸会和国际高新技术成果交易会提出明确要求。在"五个优化"中,会展平台承担着"优化国际市场布局"(推进展会模式创新,探索线上线下同步互动、有机融合的办展新模式)和"优化国内区域布局"(如中国加工贸易产品博览会)两项重任。

构建新发展格局成为中央和地方顶层设计的重要战略课题以及全国和各地十四五规划的重要内容,会展业作为实现新发展格局的平台载入其中。以京、上、广、津为例加以说明。北京"十四五规划"中提出率先探索构建新发展格局的有效路径,强调抓好"两区""三平台"建设,将中国国际服务贸易交易会打造成全球最具影响力的服务贸易展会,将中关村论坛打造成具有全球影响力的科技创新交流合作平台,将金融街论坛打造成为国家金融政策权威发布平台、中国金融业改革开放宣传展示平台、服务全球金融治理的对话交流平台。上海则提出以联动畅通长三角循环为切入点,积极推动国内大循环、促进国内国际双循环,持续放大中国国际进口博览会的带动效应和虹桥国际开放枢纽功能。广东则在打造新发展格局部分中提出促进国内国际双循环,高水平办好广交会、高交会、加工贸易博览会、"粤贸全球"等展会。天津在"加快构筑现代产业体系,推动构建新发展格局"中提出推动形成全面开放新格局,举办一批国际一流的论坛、会展、赛事等活动,深度发挥夏季达沃斯论坛、亚布力天津峰会等重大会议活动的集聚效应。

四、构建法治保障路径研究的方向与分解点

聚焦构建新发展格局的落地路径及法治保障,透视会展法治保障面临的挑战与问题,从理论逻辑、历史逻辑和现实逻辑层面论证会展构建新发展格局的有效路径,并在与英国、德国和美国等会展强国的国际镜鉴中证明中国特色会展法治保障路径的优越性,最终探索形成新发展格局的会展法治保障路径及具体策略。

探索构建新发展格局的会展法治保障路径应当完成以下层面问题的论证:①构建新发展格局的会展法治保障的困境和挑战;②构建新发展格局的会展法治保障的逻辑;③中国特色会展法治保障路径的国际镜鉴;④构建新发展格局的会展法治保障策略与重要会展法律制度。

(一)厘清构建新发展格局的会展法治保障路径的挑战与问题

构建新发展格局为会展业发展提供重大机遇的同时也带来诸多挑战:①立法层级急需提高。新发展格局战略、大国责任和中国软实力的展现需要更高层级立法,进博会、服贸会、广交会等大型展会已经超出地方立法范畴。②中央立法急需确立。地方会展立法竞争激烈,中央立法进程缓慢,新发展格局需要上位法匹配。③会展立法理念急需更新。坚持会展立法服务战略高站位,坚持习近平法治思想和《民法典》精神,因地制宜立法,摒弃借鉴欧美不需要会展专门法的想法。④政府与市场的定位急需明晰。需坚持政府引导与市场主导原则,然而当前存在诸如大型会展活动市场化进程迟缓、政府型会展活动中政府职能和定位不够精准、重复办展等不正当竞争行为缺乏规范、后疫情时代会展模式创新需要探索、刺激消费的消费展得不到重视等问题。

(二)梳理构建新发展格局的会展法治保障的逻辑

会展业作为构建新发展格局的有效路径,为其树立法治保障,是会展法治的理论逻辑、历史逻辑和实践逻辑统一的必然结果。在理论逻辑层面,会展业有巨大撬动效应的经济价值、社区治理与就业保障的社会价值、输出文化软实力的文化价值、服务国家治理的政治价值等多重价值,应充分挖掘并作用于会展法。在历史逻辑层面,我国会展活动在清末以及民国时期曾经发挥重要作用,被认为是商务振兴的肇始。1905年《出洋赛会通行简章》作为我国历史上首部具有法治功能的规章,因闭关锁国和社会动荡并未充分得到践行。中华人民共和国成立以来,我国会展业在改革开放的招商引资进程中呈现出同步性与伴生性。广交会、服贸会和进博会的举办代表了我国经济发展和改革开放的不同历史阶段。伴随着部委和地方会展立法的兴起,会展法治保障也日益改善。在实践逻辑层面,疫情时期习近平总书记提出新发展格局理论,主张展会模式创新,各地"十四五"规划充分贯彻新发展格局,北京、上海和广东等众多省市也在"十四五"规划中列入会展业发展计划,会展法治建设迎来新契机。随着2020年上海、厦门等地会展法规的出台,会展法治建设也逐步升级并有望获得更大突破。

(三)完成中国特色会展法治保障路径的国际镜鉴

会展法治路径的形成与国家会展业发展模式和国情密切相关。德、美、英等会展强国的会展业都呈现较强的市场驱动性,但仍有所不同。政府在重大会展活动中的作用不可或缺,但其扮演的角色不尽相同。中国近代博览会事业的发展史就是政府行为渗入的过程史。我国会展业发展属于政府型模式,重大会展活动的筹办和运营尤为明显。德国展会国际化程度高,AUMA(德国经济展览和博览会委员会)管理会展业,政府扶持力度大,属政府推动的市场主导型。美国开创了奥运会赛事商业化先河,政府干预少,其会展业发展模式市场化程度最高。英国最早开启博览会历史,其会展业市场化和主体国际化程度高。德、美、英等国家的会展业市场化程度高,会展业的法治保障依赖于一般立法而不是会展特别立法。镜鉴之下,我国政府在会展活动中的地位与以上国家并不完全相同。我国大型会展活动和政府型展会可以借鉴欧美国家的会展市场化运营与国际化发展规律,但无须复制其法治路径。从我国会展业发展的地域分布看,发展速度快的会展城市都选择了大力度会展法治保障模式。我国会展法治保障已经粗具规模,中国特色会展路径可以证成。

(四)实现构建新发展格局的会展法治保障路径的措施落地

以解决问题为导向进行制度构建,提出如下建议:①在立法层级上,尽快制定《会展法》和《会展业发展条例》,弥补对进博会、服贸会和广交会等重大会展活动保障的地方性立法层级缺陷。考虑到加快立法进程速度和立法规划因素,可以先行制定《会展业发展条例》,待条件成熟再制定《会展法》。②在立法体制上,地方政府应在法律和行政法规出台前继续发挥地方立法的创新性和主动性作用,积极推动会展法列入中央立法规划。③在制度供给上,确立有利于构建新发展格局的政府引导市场主导原则和多重价值原则等基本原则,确立构建新发展格局的一系列机制或制度。如深化会展业供给侧改革的会展市场化运营机制、大型会展活动的品牌化与国际化奖励机制、消费类展会活动模式创新机制、展会模式创新制度和生态文明制度等。④除立法外,为维护会展营商环境执法机关应严格执法,为保护会展消费者权益司法机关应公平司法,为维护公平竞争环境会展企业应诚信守法。

五、构建法治保障路径的突破与重点

构建新发展格局的会展法治保障路径,其研究内容和方向可以因学科之偏重或研究时间之演进而有不同侧重。以下三个方面应当是其中研究的突破方向和重点。

(一)厘清新发展格局与会展业影响机制的内在逻辑

会展从平台和产业角度为构建新发展格局提供了方向。如何在法学范畴内用法学视角分析新发展格局内涵与会展撬动机制关系是关键。新发展格局在哪些方面对会展业构成影响,需要深入分析。在宏观和战略层面,新发展格局对会展业发展的赋能作用是否有必要载入以及如何载入中央和地方会展立法都需要严密论证。在中观层面,需梳理清楚新发展格局对会展业发展的法律制度影响,例如对会展法的立法宗旨、会展法的基本原则和会展法的法律规则的影响。会展法治作为构建新发展格局的有效路径同样需要中观层面的制度构建。

(二)分析会展业服务新发展格局的价值

会展业在不同时代、不同国家和不同发展阶段的价值体现不尽相同。近代的博览会最初是展示和炫耀国家的实力,这一价值在1851年英国万国工业博览会上得到充分体现;而现代意义的博览会则对国家、社会和城市有了更多价值和功能。重大会展活动在服务于国家战略的同时也会推动城市进步和社会文明,2008年北京奥运会和2010年上海世博会是极好的例证。在中国,不同历史发展时期,会展业的内在价值以及外在功能体现也差异巨大。从晚清至20世纪三十年代,中国从最初抵触参加博览会到后来积极参与博览会再到举办会展活动,本质上是因为会展的功能与价值逐渐得到人们认可。改革开放以后,我国会展业迅速发展并跻身为世界会展大国,会展业的多重价值功能值得深层次探索。挖掘我国会展业发展历史,结合国外会展战略意义和实地调研,实证分析会展政治、经济、生态、文化和社会多重价值。

(三)我国地方会展法治的价值判断及错误廓清认识

我国会展立法的模式是由创新性地方立法主导的。在中央会展法立法时机并不成熟的情况下,自下而上的立法更为现实、也更加符合会展业发展规律。但是,缺乏上位法以及快速发展的会展业与当前地方立法之间仍然存在诸多矛盾。法律冲突、内容错漏、立法技术较低及立法态度不严肃等问题应谨慎处理。因此,对各区域地方性会展业法规、规章和规范性文件的分析和判断是论证落地的关键。

结　语

会展业服务于投资、消费和出口"三驾马车"。后疫情时代会展业仍然是经济恢复的快车道、招商引资和拉动消费的引擎,有助于构建新发展格局。构建新发展格局的会展业法治建设急需会展法治保障路径。中国特色会展法治路径不同于欧美各国,是三个逻辑相统一的必然结果。应尽快提高立法层级,制定《会展法》,完成法治保障建设。深化会展业供给侧结构改革,充分探索进博会、广交会、服贸会、博鳌论坛和中国——东盟博览会等国家级展会市场化和国际化运营机制,探索发展模式创新并将其纳入法治保障。坚持扩大内需战略基点,以海南自由贸易港建设和中国国际消费品博览会主办为契机,创新文博会、旅博会、科博会和汽车产业博览会等展会模式,拉动各地文化、旅游、新科技产品和汽车消费等消费市场,促进国内大循环。

参考文献

[1] 张守文.新发展格局与"发展型法治"的构建[J].政法论丛,2021(1).
[2] 肖京.健全财税法治为新发展格局提供保障[N].经济参考报,2020-12-08.
[3] 郭天武,卢诗谣."双循环"新发展格局的法治支撑与保障——以粤港澳大湾区建设为例[J].特区实践与理论,2021(1).
[4] 陈泽炎,Grace Ma.围绕"双循环"会展业提振中国经济新发展[J].中国会展,2020(21).
[5] 乔兆红.中国近代博览会事业的流变[J].学术月刊,2007(7).
[6] 刘鹤.加快构建以国内大循环为主体、国内国际双循环相互促进的新发展格局[N].人民日报,2020-11-25.

粤港澳大湾区会展法治研究报告

肖代柏[①] 郑禾名稀[②] 白一惟[③]

摘　要：会展业具有强势的经济带动效应，崛起的会展业所展现的交易、整合营销、调节供需、技术扩散和产业联动等功能正成为带动经济社会发展的重要引擎。伴随着粤港澳大湾区内会展产业的进一步深化与拓宽，大湾区内的会展政策法规也得到不断完善发展，会展政策法规的重要性日益凸显。可以说，从会展场馆建设到会展配套设施、公共服务、税收改革、专业人才培养等一系列环节，无不闪现着会展政策法规的作用。在相应政策法规的助力下，可以预见，粤港澳大湾区在未来将继续秉持错位发展、优势互补、协作配套的原则，推动9+2城市在会展产业继续大步迈进。

关键词：粤港澳大湾区；会展业；政策；法规

一、粤港澳大湾区会展业政策法规出台背景

会展是会议、展览、大型活动等集体性的商业或非商业活动的简称。其概念内涵是指在一定地域空间，许多人聚集在一起形成的、定期或不定期、制度或非制度的传递和交流信息的群众性社会活动。将会展的范围外延，具体又包括各种类型的博览会、展销活动、大中小型会议、文化活动、节庆活动等。近年来，随着经济的增长，我国会展业也相应进入了快速发展的黄金期，其中尤以粤港澳大湾区的变化最为明显。

（一）粤港澳大湾区会展业的发展环境

粤港澳大湾区概念自提出以来，受到中央和地方的持续推动。从最初的探索思考珠三角区域合作新模式，到之后的大珠三角和泛珠三角战略，整个过程层层

[①]　肖代柏，男，湖南常德人，澳门城市大学人文社会科学学院副教授，博士生导师，研究方向：文化市场与营销、文化消费、文化与节庆活动研究等。

[②]　郑禾名稀，女，湖南郴州人，澳门城市大学人文社会科学学院博士研究生，研究方向：文化消费、媒介文化。

[③]　白一惟，女，内蒙古呼伦贝尔人，澳门城市大学人文社会科学学院博士研究生，研究方向：文化消费、文化节事活动。

递进,辐射范围也越来越广。2019年2月18日,《粤港澳大湾区发展规划纲要》正式颁布,这意味着香港和澳门两个特别行政区正式加入立足于国家"一带一路"倡议的粤港澳大湾区体系中,让原本属于广东省内的战略升级为国家规划下的三地跨制度合作。在2021年出台的《中共中央关于制定国民经济和社会发展第十四个五年规划和二〇三五年远景目标的建议》中也再次强调,要推动区域协调发展,推进京津冀协同发展、长江经济带发展、粤港澳大湾区建设、长三角一体化发展,打造创新平台和新增长极。粤港澳大湾区的重要程度可见一斑。

值得关注的是,在《粤港澳大湾区发展规划纲要》中,国家针对粤港澳大湾区会展业的未来详细列举了诸多建议,如尝试数字化合作:"促进地区间动漫游戏、网络文化、数字文化装备、数字艺术展示等数字创意产业合作,推动数字创意在会展、电子商务、医疗卫生、教育服务、旅游休闲等领域应用。"完善粤港澳大湾区内现代服务业体系:"聚焦服务业重点领域和发展短板,促进商务服务、流通服务等生产性服务业向专业化和价值链高端延伸发展,健康服务、家庭服务等生活性服务业向精细和高品质转变,以航运物流、旅游服务、文化创意、人力资源服务、会议展览及其他专业服务等为重点,构建错位发展、优势互补、协作配套的现代服务业体系。"以及还特意对香港、澳门两个特别行政区的会展业给出了明确定位:巩固提升香港作为国际高端会议展览及采购中心的地位,支持澳门培育一批具有国际影响力的会议展览品牌。

毋庸置疑,《粤港澳大湾区发展规划纲要》和《中共中央关于制定国民经济和社会发展第十四个五年规划和二〇三五年远景目标的建议》的颁布不仅为协调粤港澳大湾区9+2个城市区域间经济合作和整合资源开发提供了新方向,也为粤港澳大湾区中会展业的创新发展注入了新活力。

(二)粤港澳大湾区会展业的发展现状

要判断一个地区会展业的发展状况,会展数量、场馆面积、参与人数、产生的经济效益等都是相当重要且直接的指标。纵观粤港澳大湾区会展业的发展,无论是广州、香港和深圳等传统会展重镇,还是珠海、东莞和佛山等后起之秀,目前都致力于在会展经济这一高附加值领域寻找到发展途径。

自2019年起,各种国际性论坛、展会扎堆在粤港澳大湾区城市举行。同年,11月12日,首届华侨华人粤港澳大湾区大会在广州开幕;11月26日至29日,2019大湾区工业博览会在深圳举行;11月27日至29日,2019粤港澳大湾区院士峰会暨第五届广东院士高峰年会在东莞举行;12月1日、2日,2019从都国际论坛在广州举行……这背后折射出的是粤港澳大湾区越来越重视会展业的平台功能,并且以广州、深圳、香港、澳门等城市为核心逐渐构建起了大湾区会展业都市圈。

同时,近五年粤港澳大湾区新添了多个会展场馆,如珠海国际会展中心、潭洲国际会展中心、虎门国际会展中心、广东珠西国际会展中心等,先进的基础设施为粤港澳大湾区会展业的未来发展奠定了坚实基础。2019年11月4日,历时三年建设的深圳国际会展中心一期正式启用,其用地面积约121.42万平方米,总建筑面积约160.5万平方米,荣登"亚洲面积第一馆"宝座。10万平方米展厅二期整体建成后,它将超过德国汉诺威国际会展中心,成为全球最大的会展中心。据《2018年广东省展览业发展白皮书》数据显示,截至2018年年底,粤港澳大湾区共建设了33个展览馆,室内可租用面积共156.3万平方米,仅肇庆没有专业展馆。从展览馆数量来看,佛山6个,广州5个,深圳和中山各4个,香港、澳门、东莞均有3个,珠海、江门均有2个,惠州1个。并且随着全球经济格局调整和会展业发展重心向亚洲转移,未来粤港澳大湾区将成为全球会展业发展的重要区域。

整体来看,在当下三地协同发展的初期,虽然粤港澳大湾区内部会展业竞争激烈,存在着如会展内容同质化现象严重、粤港澳三地会展业联系不够紧密、信息技术与高端人才有待提高等一些短板,但其依然有无限潜力。在未来,通过合理地配置和布局资源,加强联动,真正联手谋求发展,势必可以使粤港澳大湾区会展业在全球范围内的影响力得到进一步提升。这是各界对粤港澳大湾区的期许,也是致力于打造世界一流湾区的使命所在。

二、粤港澳大湾区会展业政策法规文本分析

文字使用频率的变化反映了人对于事物的重视程度与认知的变化。而一定时期内的文本数量也能从一定程度上反映出政策法规颁布主体对会展行业的关注和重视程度。近年来,粤港澳大湾区内11个城市结合自身情况,陆续颁布了一系列规范或扶持本地会展产业的政策措施与地方法规,推动了大湾区会展产业迅速发展。以下是近10年各城市对会展业制定并出台的部分重要政策法规(见表1),这些政策法规涵盖了与会展产业发展密切相关的诸多内容,既是大湾区城市群高度重视会展业的表现,同时也是大湾区会展业迅速发展的客观反映,对开创湾区新兴文化业态,推动湾区内文化产业升级,具有重要意义。

表1 近年来粤港澳大湾区会展业代表性政策法规汇总

城市	时间	政策法规名称
广州	2020年	《广州市会展行业新冠肺炎疫情防控指南》
	2017年	《广州市商务发展专项资金会展事项实施细则》
	2013年	《广州建设国际会展中心城市发展规划(2013—2020)》
	2012年	《广州市展会知识产权保护办法》

续表

城市	时间	政策法规名称
深圳	2020年	《关于新冠肺炎疫情防控期间会展业惠企措施的通告》
	2020年	《深圳市加快会展业发展三年行动计划(2020—2022年)》
	2011年	《展会评估指标体系和品牌展会评定办法》
	2010年	《深圳市会展业财政资助资金管理办法》
	2010年	《深圳会展税收改革》
	2010年	《关于进一步优化办展环境促进深圳会展业发展的若干措施》
东莞	2020年	《关于打造东莞会展业升级版的实施方案》
	2017年	《东莞市促进会展业发展专项资金管理办法》
	2016年	《东莞市重点品牌展会认定办法》
	2015年	《东莞市人民政府关于促进会展业发展实施意见》
	2011年	《促进东莞市会展业发展工作方案》
中山	2021年	《中山市商务发展专项资金(促进会展业发展项目)实施细则》
	2020年	《中山市促进会展业发展的实施意见》
	2015年	《中山市进一步促进展览业改革发展的实施方案》
佛山	2017年	《佛山市人民政府关于大力推动会展业创新发展的实施意见》
	2018年	《佛山市重点品牌展会认定扶持办法》
珠海	2020年	《关于应对新冠肺炎疫情影响促进珠海会展业健康发展的若干措施》
	2020年	《珠海市内外经贸发展专项资金(会展事项)实施细则》
	2017年	《珠海市会展业扶持资金使用管理暂行办法》
	2015年	《珠海经济特区户外广告设施和招牌设置管理条例》
	2014年	《珠海市人民政府关于促进会展业发展的若干意见》
	2013年	《珠海市会展业发展规划(2011—2020)》
肇庆	2021年	《肇庆市大型群众性活动安全管理规定》
	2010年	《关于扶持我市现代会展业发展的若干意见》
江门	2020年	《江门市商务局支持会展业发展的若干措施》
	2020年	《江门市商务局江门市财政局应对新冠肺炎疫情扶持外贸进口和参加境外展览资金的实施细则》
	2018年	《江门市会展业发展规划(2018—2025年)》

续表

城市	时间	政策法规名称
惠州	2017年	《惠州市文化产业发展专项资金管理办法》
	2012年	《惠州市会展业管理办法》
	2010年	《惠州市关于扶持我市现代会展业发展的若干意见》
香港特别行政区	2020年	《会议展览业资助计划》
	2011年	《展览会保护知识产权措施》
澳门特别行政区	2019年	《关于做好境内举办涉外经济技术展览会备案管理工作的通知》
	2018年	《会展专业人才培训支持计划》
	2017年	《会展活动激励计划》
	2017年	《国际性会议及专业展览支持计划》
广东省	2012年	《广东省展会专利保护办法》

综合分析上述会展政策法规，第一，从政策法规文本本身而言，虽然同属于粤港澳大湾区范畴，但在数量上，不同城市之间政策法规数量差距明显，存在较大极差。湾区内政策法规数量领头的分别是广州、深圳、东莞和珠海，不难发现，近年来伴随着会展业在这些城市的兴起发展，相应政策法规出台的速度和频率也明显提升；而政策法规数量较少的城市如肇庆，相应的也出现了政策法规更新较慢、出台时间年代久远的问题。

第二，内容方面，粤港澳大湾区内的会展业政策法规呈现出越来越精细化、专项化的趋势。2020年4月13日，商务部办公厅印发了《关于创新展会服务模式，培育展览业发展新动能有关工作的通知》，鼓励各地积极出台展览业专项支持政策，发挥地方财政资金和相关产业引导基金作用，支持展览业尽快复苏。但其实早在2017年，广州就已经率先出台了《广州市商务发展专项资金会展事项实施细则》，充分体现了广州会展业发展的先进程度。在此之后，东莞、中山、珠海、惠州等城市紧跟其后，也纷纷颁布相应专项政策法规，为进一步优化各城市会展业扶持政策，充分发挥财政资金的政策引导和杠杆作用，支持和推动各地会展业高质量发展起到了重要作用。

第三，在政策导向方面，整体来看，因为受到国家层面的战略支持与引导，粤港澳大湾区内的会展政策法规基本是以鼓励为主，在此基础上兼顾部分制约、规范性条款。以2020年前后出台的政策法规为例进行分析，粤港澳大湾区内的会展业目前较大程度依赖于线下参与，因而在新冠肺炎疫情暴发后会展业的整体发展陷入了停滞甚至倒退期。为重新恢复本地会展业的活力，减轻会展活动参展方、承办方等组织机构的压力,广州、深圳、珠海、江门等城市纷纷颁布支持性政策,在新冠肺炎疫情期间为会展业提供相应的扶持措施。

第四,从粤港澳大湾区内部比较,内地9个城市的会展业政策法规制定,目前充分发挥了以广州为核心的极点带动作用,广州所颁布的政策法规会被其他城市参考借鉴,并以此为基础,形成了联系紧密而共通的政策法规体系,方便各城市间会展业的融合发展。香港特别行政区和澳门特别行政区虽然出发点类似,同样是希望推动、规范本地会展业的发展,但受到与内地政治体制与司法系统不同的影响,其会展业领域的政策法规自成体系,与内地差异较大,导致两岸处于各自为营的状态,并没有与内地9座城市形成同步。并且,由于与国际接轨程度较高,香港特别行政区和澳门特别行政区的诸多政策法规如知识产权保护等领域选择直接借鉴国际法律法规条例,这与内地的政策法规存在一定区别。

三、粤港澳大湾区会展业政策法规实施效果分析

会展业是现代服务业的核心和引擎,也是现代国际性中心城市必须承载的产业任务。会展业作为集商品展示、商贸交易、经济技术合作和科学文化交流为一体的新兴产业,以其强大的关联影响和经济带动作用,已逐渐发展成为促进经济和社会发展的新的产业亮点。国际会展业发展按照政府、市场和企业之间的关系划分为三种模式。第一,以美国为代表的"完全市场化发展模式",强调市场调节,行业协会通过行业自律规范市场行业秩序,政府推行标准化措施保证质量和水平。第二,以德国为代表的"混合经济发展模式",强调政府宏观调控和行政推动作用,协会为政府和展览业之间沟通的桥梁。第三,以新加坡、中国香港为代表的"综合运作模式",强调政府和企业的合力推动。

就展览场馆投资建设而言,一部分场馆建设全部由政府出资,直接由政府下属机构经营管理,或者委托一个专业公司来管理和监管,两种模式均以维持盈亏平衡为经营目标,不以营利为目的;另一部分场馆建设由政府立项并投入部分资金,同时在规划、土地和其他政策上予以相应支持,引入其他投资主体共同投资建设,建成的展馆归出资人共同所有,并由出资人选择经营管理者,按照规范的商业模式运作,出资人根据其投资获得相应的回报。这类场馆以盈利为目的。三是场馆建设由私人机构投资,由投资者经营或委托管理机构经营。这种模式产权关系清晰,完全按市场化模式运作。粤港澳大湾区场馆投资方式主要有三种。一是由政府直接投资建设展览场馆,如深圳会展中心。二是由中外合资投资建设展览场馆,如澳门威尼斯人会展中心,由美国拉斯维加斯金沙集团投资建成。三是由国有企业或民营企业直接投资建设展览场馆,如广州世贸展览中心、广州中洲展览

中心。对展览场馆的经营和管理可以归纳为两种模式四种形式,多种管理形式孰优孰劣尚无定论。一是直接管理模式,包括直接设立一个事业单位或由国资委成立国有公司代表政府管理和成立合资企业经营管理。二是委托管理模式,包括委托本地企业管理和委托外地或国外企业管理。

据初步统计,全国省、市、自治区中,80%的省、市、自治区已建立会展业的主管机构和行业协会,50%的省、市、自治区已经不同程度地出台了对会展业发展的扶持政策。从总体上看,我国展览业已走过了数量扩张的阶段,展览场馆、办展主体、参展企业、相关服务行业已形成一定的规模,正在从一个新兴展览国家成长为世界展览大国。其中,以广州为核心的珠江三角洲会展经济带,以广交会为龙头,这一区域由于加工贸易发达,制造业基础雄厚,消费市场活跃,为本地区展览市场提供了丰富的项目资源,展览场馆、展览项目、展览面积最为密集。2006年深圳市出台了会展业发展"十一五"规划,制定《关于实行品牌展览会排期保护的通知》,将会展业作为积极培育的五大新兴服务业之一,确定将会展业培育成其重要的发展产业。2008年,广东省出台《2008年广东省会展业发展工作意见》,拟在全省范围内开展"广东十大品牌会展""广东省政府重点扶持十大展览(集团)公司"的推荐评定,筹建三至五个大中型会展企业,旨在打造以广州和深圳为龙头,包括珠海、佛山、东莞、中山、江门等在内的珠三角会展产业带。广州市将会展经济跨越式发展定位为一项重要的产业推进政策加以实施,重点扶持了会展业的发展,其余各地也积极努力地发展会展业。

以展览场馆为中心的同类型企业和相关行业(吃、住、行、游、娱、购)在时间和空间上集聚的会展城应运而生。广州琶洲会展中心突出国际会展功能、总部经济功能和旅游文化功能,着力建设国际商贸中心门户区、世界文化名城示范区、产业高端发展提升区。成都世纪城新国际会展中心分为展馆区、国际会议区、酒店及文化设施区、商务办公区、商业住宅区五大部分。从20世纪80年代末会展业开始迅速发展,形成了以广州—东莞—深圳为中轴,包括佛山、珠海、江门、中山、惠州和肇庆在内的珠三角会展带。该会展带已成为中国三个重要区域会展中心之一,不但拥有国内一流的会展基础设施,而且每年举办的展会数量也居全国之首。每年举办各种展览1000多场,展览面积达1300多万平方米,全省展览面积位居全国第一。

广州(2009年)、深圳(2004年)、东莞(2006年)、中山(2007年)、佛山(2008年)、惠州(2010年)、珠海(2011年)也都先后出台了促进会展业发展的指导意见。深圳、广州、珠海都有会展专项资金,同时在展览馆投资建设、运营方面都有优惠政策,如广州采取差额征税的税收优惠,中山展览馆政府补贴,深圳、珠海公交优惠等。

在"十二五"期间,随着商务部《关于"十二五"期间促进会展业发展的指导意见》等相关国家层面及地方层面的会展政策的纷纷出台,在宏观调控方面,我国决定加大会展业整体规划调控和管理力度,从国家到地方,制定了一系列管理、扶持和促进政策及具体举措,努力形成一个上下一致、统一协调的会展行业管理体系。

2012年,会展业的创新模式不断涌现,会展业与电子商务、文化产业、创新产业、体育产业的融合,为会展业转型升级、创新发展带来了新机遇。例如会展业与旅游业的结合,使旅游类展会和会展旅游成为会展业界和旅游业界的共赢平台,互相渗透、资源共享、平台共建、携手发展。会展业与文化产业的融合和交互,使文化产业呈现出勃勃生机,使文化会展业成为"十二五"规划中的热点之一,当前各类动漫展的办展热潮正体现了文化创意产业与会展业的共赢发展。目前除公益型、导向性和需要鼓励培育的展览会,政府已逐步减少直接办展,代之而行的是行业协会、商会和会展企业主导办展。随着外资进入中国的步伐进一步加快,世界主要会展企业悉数出现在中国会展市场,并以集团方式落户,加上民营企业的积极参与,主办展览的主体呈多元化格局。

广东省"十三五"规划纲要中强调了加快文化强省建设。推动公共文化设施网络均匀分布,实现公共图书馆、文化馆(站)100%达到一级以上水平和基层综合性文化服务中心的全覆盖。推进文化与金融、文化与旅游融合发展,进一步提升深圳文博会等重点文化会展影响力。推进珠三角地区文化市场综合执法队伍建设,提升网络文化市场监管能力。增强与欧美、海上丝绸之路沿线国家、南太平洋岛国的文化交流合作,深化港澳台地区文化工作,办好一批大型国际性文化活动。

港澳地区均在国家政策体系的支持下,在"CEPA"中《内地与港澳关于建立更紧密经贸关系的安排》的框架下,持续推动完善会展业发展。得益于良好的地理位置、繁荣的经济和便利的交通条件,香港平均每年举办展会超过100场,展览业带来的收入超过500亿港元,约占香港GDP的2.1%,香港展会以消费展为主导。近年来时装周、创意展等艺术展兴起,为香港会展业开拓了新的方向。香港会展业品牌化程度高,截至2020年4月共有25个UFI认证展会,居粤港澳大湾区之首。展客商国际化程度高,受到全世界瞩目。但香港会展业的短板也十分明显,可供总展览面积约为15万平方米,不及广州的三分之一、民营性会展活力不足、缺乏本地制造业等。澳门则是会展业的后起之秀,2006年,澳门特区政府就明确提出以会展业为主业促进澳门经济多元化,2010年之后澳门会展业增长加速,2015年统计数据显示"会展活动与会及入场人次"已达到近252万人次,约是2009年的4倍。2016年9月,澳门特区政府颁布《澳门特别行政区五年发展规划

(2016—2020年)》,继续坚持澳门着力发展会展业以推动澳门经济适度多元化的既定方针。目前,澳门共有品牌会展11个,当中6个品牌展会获国际展览业协会(UFI)认证,包括澳门国际贸易投资展览会(MIF)、澳门国际环保合作发展及论坛(MIECF)亚洲国际博彩娱乐展(G2E Asia)等。2014年,在《亚洲展览业年度报告》中,澳门获得"亚洲表现最佳的展览市场"荣誉。但澳门会展业在人才储备、市场完善度、社会经济效益、会展多样性及会展质量等方面与香港有较大差异。

经过改革开放40多年的合作发展,粤港澳大湾区城市群已成为我国开放程度最高、经济活力最强的区域,已具备建成国际一流湾区和世界级城市群的基础条件。2016年粤港澳大湾区地区生产总值为1.4万亿美元,已接近世界第六大经济体的规模。区域对外贸易总额、利用外资总额、港口集装箱年吞吐量、机场旅客年吞吐量等已跻身国际一流湾区行列。区域产业结构正向中高级迈进,港澳地区服务业高度发达,珠三角九市已形成先进制造业和现代服务业双轮驱动的产业体系。

2016年4月,广东省政府出台《广东省进一步促进展览业改革发展的实施方案》,目标为到2020年,基本建成结构优化、功能完善、基础扎实、布局合理、发展均衡的展览业体系,发展壮大一批国内外知名的专业展览品牌。

2019年国务院印发了《粤港澳大湾区发展规划纲要》(以下简称《规划纲要》),提出构建粤港澳大湾区的现代服务业体系。"以航运物流、旅游服务、文化创意、人力资源服务、会议展览及其他专业服务等为重点,构建错位发展、优势互补、协作配套的现代服务业体系。"在规划纲要中突出了"整合"及"专注"两个方面。整合湾区内现有资源,统筹规划,高效利用。在交通方面,致力于提高与内地、湾区城市连通便捷性,扩大经济腹地;完善城际铁路,连通湾区核心、机场及高铁枢纽,提升区域地位。至2035年,将全面建成连通整个大湾区的轨道交通网络,届时展会的办展地点将不再是主办方需要重点考虑的问题。《规划纲要》明确提出了要"构建错位发展、优势互补、协作配套的现代服务业体系"。会展业作为现代服务业的重要组成部分,此次也被明确地列入了《规划纲要》中。各个城市依据其地方要求专注于自身发展重点,立足本区域优势,提高经济及社会效益。此外,《规划纲要》提出以建设节约资源和保护环境的空间格局实现绿色低碳循环发展,并促进中国会展产业健康、绿色发展,推动粤港澳大湾区会展城市和会展主体间的交流与合作。以深圳为代表的会展中心城市主动提出全面发展绿色会展。例如,深圳率先提出聚焦粤港澳大湾区绿色会展发展,为粤港澳大湾区绿色高质量发展做出贡献。为此,深圳市成立了国际低碳论坛发展中心。该中心以"绿色会展"为契机,新设了粤港澳大湾区绿色发展高峰论坛和澜湄合作论坛等,目的在于促进粤港澳大湾区绿色产业的集聚和进一步蓬勃发展。

截至2020年,受到新冠肺炎疫情的影响,会展业作为典型的聚集性、社交性和交流性的产业首当其冲。各类会展活动不得不取消或延期举办。面对这种严峻形势,广东省各市纷纷出台一系列会展补贴政策,以此缓解会展行业因展会延期和取消带来的成本压力。如广州市出台重点境外展会目录,对参加目录内展会及省、市境外重点经贸活动的企业,按其实际发生的展位费、特装费、人员费用(机票、住宿)给予最高50%的资金补助,每家企业参加同一展会最高资助10万元。对于已经参加境内外展会并支付相关费用,因疫情影响不能参展的广州外贸企业,给予100%展位费补贴。对2020年第一季度出口保持增幅的外贸企业,在符合规定的情况下,优先补贴参加海博会、广交会,以及"广州名品世界巡展"等国内外展会平台的企业,帮助其拓展"一带一路"市场。

依据大湾区现有会展经济发展格局,以珠江、珠江东岸、中部和西岸为界划分形成广佛肇、深莞惠和珠中江三大会展经济圈。三大会展经济圈除了土地面积,广佛肇会展经济圈和深莞惠会展经济圈在其他指标上都趋近。珠中江会展经济圈相对弱势,综合GDP规模和人均产值来看,香港、广州、深圳是区域内三大中心城市,构成区域经济的辐射中心。粤港澳大湾区内会展城市众多,如广州、深圳、东莞、佛山等,香港、澳门与广州三座城市的国际化展会品牌数量众多、主承办及会展场馆的国际化水平相对较高。这些城市大多数呈现"展强会弱"的发展特点,展览业实力强,展览面积与规模名列全国前列,但是会议数量和规模却相对较小,特别是高端国际会议数量较少。

良好的产业基础对一个城市发展会展业起着重要作用。举行会展活动的最终目的大多是为了促进城市产业发展,提升城市形象。以深圳为例,在高新技术产业快速发展的基础上,打造了中国国际高新技术成果交易会(高交会),已发展成为与"广交会""上交会"等齐名的品牌展会,加快了深圳国际化会展城市的建设进程。除依托产业基础培育和打造相关展会外,还可依托城市在金融、物流、开放度等方面优势,推动会展业发展。香港每年举办电子产品、灯饰、照明设备等众多类型展会,虽然香港相关产业优势并不明显,但基于自身高度开放水平,国际金融中心地位和人流、物流、信息流集聚等优势,香港会展业形成了独特的发展特色和路径。

四、未来展望及建议

《粤港澳大湾区发展规划纲要》对大湾区会展产业的差异化发展提供了指导性意见,整个地区的发展做到了规划先行。该规划明确了香港的旅游枢纽地位,澳门休闲旅游中心的定位,香港、广州、深圳国际邮轮港的定位,并要求大湾区错位发展、优势互补、协作配套。在会展业发展方面,本文给予以下建议与意见。

(一)资源整合、协同发展

粤港澳大湾区部分城市的经济结构分析表明:城市之间较大的经济差距以及城市之间的产业结构差异,构成了粤港澳大湾区产业协同发展的必要性。粤港澳大湾区九个城市之间已经形成一定的主导产业分工体系,会展功能定位、场馆资源分布、品牌资源分布、活动资源分布的不平衡又为开展区域会展业的协同发展创造了可行性。

不同距离城市之间产生产业互动,形成覆盖面更广的专业化分工网络,发挥规模效应。大湾区发展的机遇在于其城市群经济联系的增强,重点在于增强经济外向性,打造具备全球竞争力的科技创新和高新技术产业体系,进一步优化地区产业分工体系,形成更加合理的城市产业布局和分工,提升整体对外服务水平。在地区间主导产业和谐分工、有序协同的基础上,积极展开各地会展业的产业分工,实现差异化竞争。会展业在城市乃至区域经济中具有突出重要的地位。首先,会展业属于规模经济效应较为突出的产业,也即随着会展活动规模的扩大,会展收益增长速度快于要素投入增长速度。其次,会展业具有强外部性,会展活动的开展除创造会展本身收益之外,还会对当地产业发展、地区经济等方面带来积极影响。重点推动各地会展业与主导产业的协同,以及地区间会展业的协同发展,从而构建会展业与主导产业协同为主的协同发展体系,以及地区间会展业协同发展体系。

(二)提高湾区国际竞争力

会展业的竞争,同时也是城市综合实力的竞争。结合城市特点形成差异化的主题定位,是粤港澳大湾区发展会展经济城市必须面对的挑战。2019年《中共广东省委全面深化改革委员会关于印发广州市推动"四个出新出彩"行动方案的通知》下发。该通知要求把支持广州"四个出新出彩"实现老城市新活力与支持深圳先行示范区建设紧密结合起来,以同等的力度,全力推动实施。要求广州和深圳共同争取国际国内重大展会落户两市并合理布局。粤港澳大湾区拥有香港、广州、深圳全国三大一线城市。由竞合带来发展动力,广深会展接连发力,让世界看到广深合作办展的可能性。欧洲成熟的会展城市都具有高度国际竞争力、影响力和辐射力。大湾区城市群在错位发展之际,必须提高自身会展质量和特色,具有面向国际市场的能力,提升展会服务水平,吸引更多优质企业参展,提高湾区社会经济话语权。

(三)强化配套产业促进

会展业关联性强,发展会展业是承接产业转移,充分发挥生产性服务业对先进制造业、现代农业的支撑服务功能的必然要求。加强会展业在提升产业结构、引导产业发展、优化资源配置的促进作用,重点围绕各地市优势产业来培育和发展专业展会。另外,会展业的发展能带动相关产业发展,但也需要一系列相关产业的支撑。在发展会展业的过程中形成一条围绕会展业的、全市各业上下游产业联动互补的产业链和消费链,使餐饮、住宿、旅游、购物、交通、通信和广告形成一体。发挥会展关联效应、扩散效应和集聚效应作用,带动大湾区经济、旅游购物、信息服务等产业的发展。

(四)稳中求进、高质量发展

粤港澳大湾区会展业发展也应当遵循"十四五"中提出的"稳中求进、高质量发展"的基调,坚持稳中求进,全面推进高质量发展。大湾区内城市紧密合作,结合互补优势,力求将大湾区建设成世界级城市群,支撑"一带一路"建设,为粤港澳大湾区乃至全球的企业创造新增长点。对应国民经济高质量发展要求,会展业高质量发展就是全面贯彻"创新、协调、绿色、开放、共享"的新发展理念,创新成为新生动力,如引入尖端科技,提供各项增值服务,包括提高商贸配对的效率及准确度;建立网上展览平台,提供全面服务,促成更多商贸联系等。会展业与其他产业发展协调,城市、区域发展均衡,发展与生态和谐,政府、市场协同,速度与质量兼顾,短期增长与长期发展平衡。

《民法典》生态文明体系在地方会展立法中的映射[①]

张万春[②] 鞠晔[③]

摘 要:生态文明建设作为习近平法治思想的重要内容,已经在《民法典》中得到印证,并且被构建成从基本原则到物权生态化、合同生态化和责任生态化的完整制度和体系。作为贯彻和执行《民法典》的重要载体,地方会展业立法有必要确立生态文明原则和制度。《民法典》背景下,地方会展条例中生态文明原则缺失、会展物权与合同生态化过于笼统以及生态法律责任规定空白等问题迫切需要解决,与会展法全面呼应。

关键词:民法典;会展法;生态文明;绿色原则;地方立法

引 言

《中华人民共和国民法典》(以下简称《民法典》)是中华人民共和国成立以来第一部以"法典"命名的法律,是新时代我国社会主义法治建设的重大成果,是我国法治建设发展道路上的重要里程碑。在法学界,提到中国的《民法典》,就不能不提及《法国民法典》和《德国民法典》。大陆法系国家或受大陆法系影响较大的国家,对《民法典》的制定都具有特别的立法情结。一个公认的观点是:如果说1804年制定的《法国民法典》是19世纪民法典的代表和启蒙之作,1896年制定1900年生效的《德国民法典》是20世纪民法典代表和成熟之作,那么2020年公布2021年生效的《中国民法典》则是21世纪民法典代表和创新之作。

对于中国《民法典》而言,它的意义不仅是一部21世纪的法典。《民法典》作为一个基本法,甚至实现了一些隶属于宪法的职能。事实上,《民法典》不仅遵循了我国宪法的原则与精神,而且把宪法中相关制度也落实到《民法典》之中。作为

[①] 基金项目:北京市社科基金研究基地重点项目"文化创意产业视角下北京会展业法治路径研究"(19JDFXA001);北京政治文明建设研究基地开放课题"《民法典》时代地方会展立法研究"(21zzwm015);北京学研究基地开放课题"北京文化软实力建设的会展撬动机制与法律规制"(SK60201902)。

[②] 张万春,北京联合大学应用文理学院法律系副教授、硕士生导师,中国会展经济研究会会展法律与政策工作委员会主任。

[③] 鞠晔,北京联合大学应用文理学院法律系副教授、硕士生导师。

民事领域的基本法,《民法典》对民事特别立法具有直接的制约作用。民事特别法的制定应当遵循《民法典》的基本理念与基本原则,不能违背《民法典》的基本规则。对于民事特别立法以外的范畴,《民法典》究竟能不能起到规范和指导作用?能起到什么样的作用?从《民法典》所包含的内容以及对部分宪法性原则与制度的落实看,对《民法典》的深入研究是会展业界和会展法学界责无旁贷的任务。

会展业作为包含会议、展览、节庆、演出和赛事等会展活动的现代服务业,是市场经济的重要内容,成为构建现代市场体系和开放型经济体系的重要平台,在我国经济社会发展中的作用日益凸显。然而,在我国举办会展活动造成的资源浪费、环境迫害与侵权责任之间存在着密切关系。因此,有必要在我国会展业立法中确立生态文明原则。《国务院关于进一步促进展览业改革发展的若干意见》(国发〔2015〕15号)积极倡导展览业发展的低碳、环保、绿色理念,这也印证了生态文明原则在我国会展业立法中的必要性和重要性。

一、生态文明写入地方会展业立法的向度

生态文明被写入《民法典》中,这为地方会展业生态文明立法吹响了号角。地方会展业生态文明立法原则的上位法可以体现为两个层级和三个向度。两个层级为宪法和中央立法,包括宪法中关于生态文明的规定以及中央立法中《民法典》《刑法》和《环境保护法》等法律规定。三个向度是分别为宪法中关于生态文明保护的规定、中央立法中《民法典》等法律关于生态文明的规定以及我国《环境保护法》为代表的生态文明专门法规定。本文只讨论《民法典》生态文明规定对地方会展业立法的影响,这既是地方立法贯彻执行《民法典》的重要内容,也是地方会展业创新立法的表现。

生态文明被写入《民法典》一般称为《民法典》的绿化或者生态化即"绿色民法典",体现了环境保护的理念。《民法典》的生态化代表了人类对环境保护与可持续发展问题的重视。从国家治理和社会治理的视角看,《民法典》的生态化是习近平生态文明思想法治化和习近平法治思想的重要体现。沿着环境保护的轨迹,梳理学者在《民法典》生态化过程中的研究成果,不仅能够贯彻落实《民法典》生态文明体系建设,而且能够为地方会展业生态文明立法奠定坚实基础。

生态文明研究可以从民法和环境法两个部门法切入,殊途而同归。生态文明被写入《民法典》体现了民法与环境法的价值关联,是对以个人利益为中心的民法基本体制的纠偏和补救(刘超,2018)。民法对环境权的保护涉及物权法、合同法、人格权法和侵权行为制度(吕忠梅,2000)。陈海嵩(2017)认为生态环境保护原则属于民法典中的"转介条款",使环境保护的强制性规范通过技术化装置进入私

法,从而实现《环境保护法》与《民法典》的紧密对接与有效互动。吕忠梅(2018)则从立法指导原则的角度进一步阐释了该互动机制的具体构建方式:一方面,通过确立生态环境保护理念为民事法律行为设定环境保护义务;另一方面,将可以体现为个人权利的相关内容纳入《民法典》成为个人环境权益。

生态文明原则是否可以成为《民法典》独立的基本原则,在制定《民法典》过程中曾有争议。反对者认为公序良俗原则可以包含该原则。赞成者围绕生态文明原则与公序良俗原则的关系从多视角论证:吕忠梅(2018)从各国民法典基本原则的属性与分类出发进行阐述,民法基本原则可以是体现核心理念和价值的本位性原则,也可以是体现民法核心价值与社会化需求之间相互沟通的平衡性原则,生态文明原则无疑属于后者。樊勇(2019)认为生态文明原则作为一项外源公共原则是对自愿原则的必要限制,是禁止违反法律原则及公序良俗原则的明文具体类型,它引入了生态环境这一新的维度形塑私人自治的边界。张广良(2020)从原则功能、适用领域、法律效果、标准及正当性等多层面对生态文明原则和公序良俗原则进行了比较,认为生态文明原则具有特定的适用领域、标准与功能,体现了高标准的价值追求。

会展业环境保护和生态文明研究刚刚兴起,但是依据《民法典》进行的会展业生态文明立法的研究相对较少。因此,在立法实践中,目前我国地方会展业立法中关于生态文明原则和制度的确立还存在诸多问题。

二、我国地方会展业生态文明立法的现状与问题审视

(一)地方会展业立法生态文明基本原则的缺失

审视我国各地通过的会展法律和法规,尤其是立法层级较高的地方性法规或经济特区法规,生态文明基本原则普遍呈缺失状态。这种缺失在《民法典》颁布以前尚可理解,但在《民法典》颁布后依然没有载入,则说明在会展业立法观念上还存在需要提高的地方。

2013年《西安市会展业促进条例》是第一部地方性的会展业法规,也因此确立了其他地方会展业法规的立法基本原则。此后,其他地方的会展业立法基本原则大同小异,这反映出各地在会展业立法方面缺乏较为科学的研究和论证。《西安市会展业促进条例》第4条规定:"会展活动应当坚持市场运作、公平竞争、政府引导、行业自律的原则。"2015年《昆明市会展业促进条例》在总则中并没有规定明确的基本原则,仅在第6条规定:"会展行业协会应当加强行业自律,引导会展企业规范经营,维护会展企业合法权益。"值得注意的是,在第4条中规定要促进会展

业发展与城市建设、旅游文化和生态建设相结合。2017年《杭州市会展业促进条例》第4条规定:"会展业发展遵循政府引导、市场运作、公平竞争、行业自律的原则。"这种表述与《西安市会展业促进条例》基本相同,只是将"政府引导"提到第一位。虽然在原则中没有提到生态文明,但是在总则第五条中提出促进会展业生态化发展。厦门会展业立法基本原则与西安也大致相同,只是将"政府引导"放到末位。2020年《厦门经济特区会展业促进条例》第3条规定:"会展业发展遵循市场运作、公平竞争、行业自律、政府引导的原则。"上海市会展业立法仍然保持了与西安市立法的高度一致,仅将"政府引导"调到第二位。2020年《上海市会展业条例》第4条规定:"本市会展业发展遵循市场运作、政府引导、公平竞争、行业自律的原则,坚持国际化、专业化、品牌化、信息化方向,加强产业联动,提升城市能级,促进经济高质量发展。"2020年公开征求意见的《成都市会展业促进条例(草案)》中第4条规定了总体原则:"本市会展业发展遵循市场主体、政府引导、会产一体、行业自律的原则,坚持国际化、市场化方向,构建高质量发展的会展产业生态体系,提升城市能级。"成都市会展立法草案中尽管出现了"会展产业生态体系"表述,但与"会展生态文明"不同,而且也没有将其列入基本原则。

(二)地方会展业立法中物权与合同生态化的规定笼统

与生态文明原则缺失相比,地方会展业立法中对涉及会展物权与合同的生态文明规定要丰富得多。但是,这些规定比较笼统,针对性和条理性有所欠缺。

地方性法规最初对会展物权和合同生态化问题规定较为简单。《西安市会展业促进条例》第33条第3款规定以市、区县人民政府名义主办、承办的会展活动应当勤俭节约、反对铺张浪费。这实际上是对会展活动和会展合同提出了环境保护的要求。考虑举办会展活动产生的环境问题,《西安市会展业促进条例》第42条提出会展活动结束后举办单位应当迅速清理现场并恢复正常的城市容貌秩序。《昆明市会展业促进条例》则更侧重于对于会展场馆的绿化要求,第27条规定会展场馆应当符合安全、消防、环保要求,举办单位、参展单位应当按照安全、消防、环保等要求布置会展活动现场。

在初步规定会展活动环境基础上,明确提出"绿色会展"和"绿色场馆"。《杭州市会展业促进条例》第19条规定:"市人民政府积极发展绿色会展,推广应用各种节能降耗的器材设备,推行绿色采购,选用绿色原材料和绿色包装物,推动会展场馆在设计、建设、使用等方面应用低碳环保技术。"该条例明确提出"绿色会展",不仅围绕绿色场馆规定了较为详细的环境保护要求,而且涉及绿色采购等合同生态化问题。2020年《厦门经济特区会展业促进条例》第22条也提出了"绿色会展",要求使用环保技术和环保材料。推动会展场馆在设计、建设、使用等方面应用环保节能技术。在会展活动中推广应用各种节能降耗的器材设备和低碳技术,采用可循环再生材料。

在"绿色会展"基础上,进一步提出"绿色会展标准"。上海市对绿色会展进行较为详细的规定,对政府、举办单位、参展单位和会展服务单位等各方主体都提出明确要求。2020年《上海市会展业条例》第20条规定遵循减量化、再利用和再循环的原则,积极发展绿色会展,制定、完善绿色会展相关标准,推广应用各种节能降耗的器材设备,鼓励举办单位、场馆单位、会展服务单位和参展单位采用绿色原材料、应用低碳环保技术。该条例第36条提出举办单位和场馆单位应当按照有关行政许可要求依法配置废弃物收集设备,加强会展活动垃圾分类和回收再利用,并在会展活动结束后妥善处理废弃物。生态环境等部门应当对会展活动中废弃物的分类和收集、防范和处理环境污染等行为进行指导、规范和管理。根据该条例第42条,会展活动各方主体有发生生产安全、环境污染等责任事故的,造成严重后果或者严重不良社会影响的,应当将其列入严重失信主体名单,标明对该严重失信行为负有责任的法定代表人、主要负责人和其他直接责任人的信息,并通过本市公共信用信息服务平台公示。而且有关部门可以依法对负有责任的法定代表人、主要负责人和其他直接责任人等严重失信行为人实施联合惩戒。《成都市会展业促进条例(草案)》第14条提出构建资源节约型、环境友好型会展生态体系。以绿色科技为动力,支持绿色场馆建设,发展会展业绿色制造、绿色采购、绿色搭建与绿色服务。鼓励企业使用低碳、环保、节能及可循环材料、产品、设备和技术。推动绿色会展相关标准的制定。该条例很明显对绿色场馆等物权法律以及绿色采购、绿色搭建和绿色服务等合同生态化法律提出明确要求,并提出了绿色会展标准建设。

综合以上地方性法规关于绿色会展的规定,很多内容都关乎物权生态与合同生态问题,但是因为规定笼统,缺乏条理性,也仍然有很多内容缺乏规定,本质上这是会展法治理论薄弱的一种体现。例如,尽管这些条例使用"绿色"或者"生态"术语,希望一网打尽关于会展生态文明的问题,但是仍然没有条例涉及旧有场馆、原有场馆和废弃工业厂房的改建扩建问题,这是会展物权规定的较大缺失。

(三)生态侵权法律责任的缺失

地方会展业立法中关于法律责任以及生态侵权法律的规定较为缺失。《西安市会展业促进条例》法律责任共八条,但是没有关于生态文明的规定。《昆明市会展业促进条例》法律责任有三条,但是仅有一条与生态文明有关:凡是违反本条例有关规定的,由公安、安监、环保等行政管理部门依法处理。《杭州市会展业促进条例》没有法律责任规定。2020年《上海市会展业条例》法律责任部分共五条,没有一条与生态文明侵权有关。2020年《厦门经济特区会展业促进条例》缺乏法律责任内容,当然没有生态侵权责任。《成都市会展业促进条例》共四条,没有一条与生态文明有关。

三、会展业生态文明立法借鉴:《民法典》生态文明体系

如何在地方会展业立法中确立生态文明原则和相关制度,首先需要厘清《民法典》中有关生态文明的原则和制度。这也是地方会展业立法中生态文明立法的模板与样本。

(一)生态文明基本原则

中国《民法典》的第一编"总则"中沿袭并重新确认了平等原则、自愿原则、公平原则、诚信原则、生态文明原则和公序良俗原则等一系列基本原则。从立法历史看,这些原则是从1986年《民法通则》(《民法典》颁布后废止)第三条至第七条拆分或改变而来,并与《民法总则》(《民法典颁布后废止》)第四条至第十条内容一致。从会展业立法视角看,平等原则、自愿原则、公平原则、诚信原则和生态文明原则具有较为重要的意义,而公序良俗原则相对影响较小。这些原则应当在会展业立法中有相应的体现和制度设计。本文重要阐述公平原则、诚信原则和生态文明原则在会展立法中的确立和制度设计问题。生态文明原则明确写入《民法典》始于《民法总则》,《民法通则》并没有载入。《民法典》和《民法总则》第九条明确规定:民事主体从事民事活动,应当有利于节约资源、保护生态环境。生态文明基本原则贯穿《民法典》始终,但在物权法、合同法和侵权责任法中有更加具体明确的进一步规定和体现。

(二)物权生态化与合同生态化立法借鉴

《民法典》物权编中的内容与生态环境关系最紧密、影响最直观,不仅直接规定了诸多生态条款,而且有诸多其他辅助条款,共同构成生态文明制度体系。相邻关系、建筑物区分所有权以及添附等绿色法律制度规定对会展业生态系统的构建缺少直接借鉴价值,因此,《民法典》中第288—296条关于相邻关系的规定,第274条、第286条与建筑物区分所有权和公共环境的规定,对会展业物权生态化缺乏直接映射意义。

物权法律制度与环境法律制度的融合以及在物权法中引入有关环境保护的

规则是现代物权法的重要发展趋势。生态环境及其要素主要以物或财产身份出现,因而作为财产法之主干与根基的物权法在环保方面亦具有基石性作用。对会展场馆建设具有重要借鉴和执行意义的内容主要体现在《民法典》第239条和第294条。关于建造会展场馆,第239条提供了建筑物遵循绿色原则的基础:建造建筑物,不得违反国家有关工程建设标准,不得妨碍相邻建筑物的通风、采光和日照。而对已经建成的会展场馆,在使用中必须遵守第294条关于固体废物和有害物质排放的规定:不动产权利人不得违反国家规定弃置固体废物,排放大气污染物、水污染物、土壤污染物、噪声、光辐射、电磁辐射等有害物质。对场馆租借方而言,租借方遵守环境保护的规定不受场馆方限制。《民法典》第326条提供了法律依据:用益物权人行使权利,应当遵守法律有关保护和合理开发利用资源、保护生态环境的规定。所有权人不得干涉用益物权人行使权利。

生态文明不仅载入物权法中,而且载入《民法典》合同编中。早在19世纪中叶,英国法律就承认了当事人可以通过地役权合同设定保护环境的义务。如今排污许可权交易、水权交易等绿色合同已经非常普遍。合同编是《民法典》中篇幅最多的一编,共有526条。其中,《民法典》第四章"合同的履行"中明确规定了对于生态文明的保护。《民法典》第509条第3款规定:当事人在履行合同过程中,应当避免浪费资源、污染环境和破坏生态。

(三)责任生态化

与2010年施行的《侵权责任法》第八章"环境污染责任"相比,《民法典》用一章共七个条文做出规定。第七章标题由"损害生态环境责任"修改为"环境污染和生态破坏责任",全面提升了生态责任的要求和力度,对违反生态保护的侵权行为做出了全面突破性的法律责任新规定。

首先,《民法典》弥补了《侵权责任法》只规定环境污染的侵权责任,没有规定生态破坏的侵权责任的缺陷,明确规定环境污染和生态破坏行为都要承担侵权责任。第1229条规定:"因污染环境、破坏生态造成他人损害的,侵权人应当承担侵权责任。"

其次,引入并确立了生态修复责任。生态修复责任是民法中恢复原状责任方式在环境法中的责任表达。修复生态环境在2019年最高人民法院《关于审理生态环境损害赔偿案件的若干规定(试行)》中确定并被置于责任方式首位。此次《民法典》再次确立生态修复责任,意味着生态修复责任完成了螺旋式发展。根据《民法典》1234条,经有关机关和组织请求,侵权人应当在合理期限内承担修复责任。若在期限内未修复但应承担生态修复费用。

再次,确立生态惩罚性赔偿制度。生态惩罚性赔偿制度的适用设置了相应的门槛条件,根据《民法典》第1232条,侵权人在主观上属于故意,在客观上侵权行为造成严重后果。

最后,明确了生态损害赔偿损失的计算方式,包含损失以及评估损害等一系列有关费用。从损失和费用计算看,这一部分涵盖范围和惩罚力度较大,当然这些费用并没有明确包括合理的律师费以及其他为诉讼支出的合理费用。但是根据2020年12月23日最高人民法院审判委员会第1823次会议通过的《最高人民法院关于审理生态环境损害赔偿案件的若干规定(试行)》,这个费用应当计算在内。

四、地方会展立法中生态文明制度的立法建议

根据《法治中国建设规划(2020—2025年)》,统筹解决生态环境等领域法律法规存在的该硬不硬、该严不严、该重不重问题,加强同《民法典》相关联、相配套的法律制度建设。加强地方会展业立法中生态文明建设属于法治中国建设的范畴和内容。根据《民法典》有关规定,应当在地方会展业立法中确立科学而有效的会展生态文明体系。

(一)生态文明基本原则的确立

对于我国地方会展业立法中生态文明基本原则普遍缺失的状态,首先应当在会展业立法总则部分或者一般规定中确立生态文明的基本原则。从立法技术而言,参照《民法典》,无须太多文字描述。该原则可以直接表达为:"会展主体从事会展活动,应当有利于节约资源、保护生态环境。"或将该原则表述得更加全面:"会展主体从事会展活动,应当遵循生态文明原则,节约资源、保护生态环境。"但是从内在法理看,后者表述在科学性上仍有欠缺。

法律原则上通常具有主导型法律思想的特质,不能直接适用于具体案例。除了最高原则外,一般法律原则应当区分构成要件和法律效果,这一工作首先应该由立法者来承担。因此,在科学而明晰地表达完生态文明基本原则后,会展业生态文明体系建设需要在会展物权、会展合同和会展责任方面进一步展开。

(二)会展场馆物权生态化设计

会展物权生态化问题主要围绕着会展场馆展开。第一,围绕新建会展活动场馆,要规划生态场馆,倡导环境保护设计,充分使用环保材料,基于能源节约要求考虑空间和采光等要素设计。要充分考虑室内场馆建设和室外场地的合理搭配

和使用,室外临时场馆建设要充分使用环保材料和可重复使用材料。第二,要充分考虑新场馆的选址问题,在不影响活动的前提下,大型活动场馆建设要充分考虑与周围环境的协调。充分借鉴会展场馆在改造环境方面的成功经验。例如,纽约1939年世博会曾将一片沼泽地和垃圾场建成昆斯区最大休闲乐、纽约市第二大园林公园。我国北京世园会也将闭幕后的园区打造为生态文明示范基地和市民旅游目的地,并为2022年冬奥会、冬残奥会提供服务保障。第三,会展场馆配套设备设施和基础设施建设。除了配套设备和设施本身的环保要求外,要充分考虑与主场馆的关系。大型场馆建设中,要充分考虑会展场馆的交通问题,尤其是会展活动场馆内外交通微循环,确保最后1千米和最后100米畅通,尽量避免因为交通拥堵而造成的环境污染。第四,要妥善处理新旧场馆之间的关系,充分利用原有场馆,充分改造和利用旧有场馆进行扩建和改建,避免不必要的工程建设。第五,尽量控制场馆建设体量和规模,要充分考虑与本地会展经济发展状况相适应的场馆。避免场馆过大,避免盲目追求20万甚至40万平方米以上的场馆,避免场馆建成后造成不必要的浪费。

(三)会展活动运行中会展合同生态化约束

合同生态化应当贯彻会展活动交易的各种类型和各个环节,保持活动前、活动中和活动后全方位生态文明。举办会展活动中的招投标活动,应当充分考虑环境保护和生态文明要求,应当设置必要的生态文明指标。场馆租赁合同中,场馆方应当与会展主办方和承办方约定好环境保护要求,做好垃圾分类处理,清理好会展活动后的现场并恢复整洁状态。在展位租赁合同中,主办方应当与参展方约定有关环境保护要求并保持展位干净、卫生和整洁,不破坏展位小环境,不对相邻其他展方造成噪音等环境污染。在展台设计与搭建合同中,场馆方或参展商应当与设计方和施工方约定使用环保材料和可重复利用材料,避免对场馆环境造成空气污染,同时尽量避免使用一次性材料。在会议类活动中,提倡会议中间、会后文明用餐,不浪费,避免一次性材料造成过多垃圾。在节庆和赛事活动中,要引导观众做好活动后垃圾分类处理,不乱丢垃圾。

(四)全方位会展主体的生态法律责任

会展主体的生态侵权法律责任可以从责任方式和责任主体等方面加以构建。在责任承担中要确立生态恢复制度,要构建惩罚性赔偿责任制度、共同侵权连带责任制度、过错责任比例承担以及举证责任倒置等。对于承担责任的会展主体,不仅要明确好会展活动承办方、会展场馆方、展台搭建方、展商等主体责任,更要针对政府型会展活动约束会展主办方和观众承担相应的生态侵权责任,以此推进我国政府型会展的市场化改革以及民众的环境保护意识觉醒。

参考文献

[1] 彭诚信.宪法规范与理念在民法典中的体现[J].中国法律评论,2020(3).

[2] 吕忠梅."绿色民法典"制定与环境法学的创新[J].法学论坛,2003(2).

[3] 刘超.论"绿色原则"在民法典侵权责任编的制度展开[J].法律科学,2018(6).

[4] 吕忠梅.环境权力与权利的重构——论民法与环境法的沟通和协调[J].法律科学,2000(5).

[5] 陈海嵩.《民法总则》"生态环境保护原则"的理解及适用——基于宪法的解释[J].法学,2017(10).

[6] 吕忠梅.中国民法典的"绿色"需求及功能实现[J].法律科学,2018(6).

[7] 樊勇,私人自治的绿色边界——《民法总则》第9条的理解与落实[J].华东政法大学学报,2019(2).

[8] 张广良.绿色原则在知识产权侵权救济中的适用[J].知识产权,2020(1).

[9] 王利明.《物权法》与环境保护[J].河南省政法管理干部学院学报,2008(4).

[10] 吕忠梅等."绿色原则"在民法典中的贯彻论纲[J].中国法学,2018(1).

[11] 顾向一.环境权保护在我国物权立法中的体现[J].理论月刊,2006(10).

[12] [德]卡尔·拉伦茨.法学方法论[M].陈爱娥,译.北京:商务印书馆,2003.

第三篇　疫情背景与会展法治

2020年新冠肺炎疫情席卷全球,对中国和世界各国的经济发展产生了极大的影响。疫情背景下以及后疫情时代,会展业发展何去何从,会展法治应当如何建设?

六城市会展条例之比较研究

陈泽炎[①]

截至 2020 年年底,我国先后有西安、昆明、杭州、上海、成都、厦门制定了本城市会展业条例。本文对这六个城市的会展条例进行了初步的比较研究,提出了一些观点和意见,希望以此抛砖引玉。

一、制定条例的基本情况

《西安市会展业促进条例》于 2013 年 10 月 29 日由西安市第十五届人民代表大会常务委员会第十二次会议通过,2013 年 11 月 29 日经陕西省第十二届人民代表大会常务委员会第六次会议批准,自 2014 年 3 月 1 日起施行。

《昆明市会展业促进条例》于 2015 年 8 月 27 日由昆明市第十三届人民代表大会常务委员会第三十三次会议通过,2015 年 9 月 25 日经云南省第十二届人民代表大会常务委员会第二十次会议批准,自 2015 年 12 月 1 日起施行。

《杭州市会展业促进条例》于 2017 年 8 月 24 日由杭州市第十三届人民代表大会常务委员会第五次会议通过,2017 年 9 月 30 日经浙江省第十二届人民代表大会常务委员会第四十四次会议批准,自 2017 年 12 月 1 日起施行。

《上海市会展业条例》于 2020 年 3 月 19 日经上海市第十五届人民代表大会常务委员会第十八次会议通过,自 2020 年 5 月 1 日起施行。

《成都市会展业促进条例》于 2020 年 6 月 18 日起公开征求社会意见,2021 年 4 月 29 日成都市第十七届人民代表大会常务委员会第二十六次会议通过,2021 年 5 月 28 日四川省第十三届人民代表大会常务委员会第十七次会议批准。

《厦门经济特区会展业促进条例》于 2020 年 12 月 11 日经厦门市第十五届人民代表大会常务委员会第三十九次会议通过,自 2021 年 3 月 1 日起施行。

以上这些条例都属于城市的地方性会展法规,对促进该城市会展业发展,乃至对全国会展业立法都产生一定影响。以下本文分别称之为《西安条例》《昆明条例》《杭州条例》《上海条例》《成都条例》《厦门条例》。

[①] 陈泽炎,中国会展经济研究会学术指导委员会常务副主任,教授级高级工程师,中国机械工程学会高级会员,商务部会展专家库成员,曾任中国贸促会机械行业分会副会长、中国会展经济研究会秘书长、常务副会长,现主要从事会展经济研究,负责中国会展经济研究会学术研究工作。

二、制定条例的背景分析

在这些城市会展条例颁布之前,上海市人民政府曾于 2005 年 3 月 15 日以市政府令第 47 号发布过《上海市展览业管理办法》;南宁市也曾于 2008 年 8 月 11 日以市人民政府令第 20 号发布过《南宁市会展业管理办法》(后于 2015 年 1 月 9 日经市十三届人民政府第 87 次常务会议通过予以废止)。但上述两会展业管理办法其性质等级都不及现六所城市作为地方性法规的会展条例。

在六城市会展条例中,《西安条例》率先推出,非常值得讨论。因为当时西安市会展业在全国并不算突出。但值得关注的是,2013 年 9 月和 10 月,习近平主席先后提出了"一带"和"一路"的重大倡议。西安是古丝绸之路的起点。可以想象的是,抢抓此机遇,做强会展业的大目标促使《西安条例》及时出台。

《昆明条例》出台之前,曾有《昆明市人民政府关于加快昆明市会展业发展的若干意见》(昆政发〔2009〕4 号)。2015 年 4 月,国务院发布《关于进一步促进展览业改革发展的若干意见》(国发〔2015〕15 号,以下简称国务院 15 号文件)的 5 个月后,《昆明条例》即获批准。这还早于云南省政府为贯彻 15 号文件,于 2016 年 2 月发布的《云南省人民政府关于进一步促进展览业改革发展的实施意见》(云政发〔2016〕20 号)。

《杭州条例》的重要背景是杭州市于 2016 年 9 月成功接待了 G20 首脑峰会。习近平主席高度评价了这次会议的成功举办,表彰杭州峰会落实了"西湖风光、江南韵味、中国气派、世界大同"的理念,向世界展示了中国精神、中国力量,在二十国集团进程中留下了深刻的中国印记。

《上海条例》是在全国抗击新冠肺炎疫情最为紧张的时刻予以通过的,说明它的重要性和紧迫性。《上海条例》突出了"服务保障中国国际进口博览会"和"打造国际会展之都"的目的,体现出着眼于新时代改革开放新前景的前瞻性立法诉求。

《成都条例》是在成都市会展业近年来快速发展基础上顺理成章的产物,是落实成都市政府提出建设"三城""三都"行动计划中"国际会展之都"目标的重要举措之一。

《厦门条例》是全市为形成"大会展、大旅游、大商贸、大物流"融合发展格局,发挥会展业作为产业融合和升级的平台作用的法律保障。

从六个城市各自出台会展条例的时间看,显然是体现了"越来越快"的趋向。前三个城市会展条例的出台,平均间隔时间是两年,后三个城市会展条例出台都集中于 2020 这一年,且 2020 年还是新冠肺炎疫情肆虐的一年。由此足以说明,会展业在我国的确存在着不断高涨的势头。

三、会展定义的相关比较

在六城市会展条例中,对"会展业"的定义是否一样呢?

《西安条例》规定,本条例所称会展,是指会展举办单位通过市场化运作,在固定场所和一定期限内举办的展览、展销、会议、地方特色节庆等活动。

《昆明条例》规定,本条例所称会展,是指会展举办单位在固定场所和一定期限内举办的展览、展销、会议、地方民族文化特色节庆展示等经济贸易和文化交流活动。

《杭州条例》规定,本条例所称会展业,是指通过在特定场所和一定期限内举办会议、展览、赛事、演艺、节庆等活动,为参与者提供各类会议、展示推介、经贸洽谈、文体交流、休闲娱乐等服务的综合性产业。

《上海条例》规定,本条例所称会展业,是指通过举办会展活动,促进贸易、科技、旅游、文化、体育、教育等领域发展的综合性产业。本条例所称会展活动,是指举办单位通过招展方式,在特定场所和一定期限内,进行物品、技术、服务等展示,或者以举办与展示主题相关的会议形式,为参与者提供推介、洽谈、交流等服务的商务性活动,但以现场零售为主的展销活动除外。

《成都条例》规定,本条例所称会展业,是指通过举办会议、展览、节庆和其他会展活动,促进经济社会发展的综合性产业。本条例所称会展活动,是指在一定区域、空间、期限内,有计划有组织地按照特定主题,为参与者提供贸易合作、商务洽谈、交流互动、营销展示、知识传播、现场体验等合法合规的集体性活动。

《厦门条例》规定,本条例所称会展业,是指通过举办会展活动,促进工业、贸易、投资、金融、旅游、科技、文化、教育、体育、健康、医疗等领域发展的综合性产业。前款所称会展活动,是指在特定场所和一定期限内举办的会议、展览、演艺、节庆、赛事等活动中,进行物品、技术、服务等展示,或者为参与者提供推介、洽谈和交流等服务的活动。

显然,上述文件中的"会展""会展业""会展活动"是既有关联又有区别的概念。但既然称之为"会展业促进条例"或"会展业条例",就要特别明确定义出什么是"会展业"。相比较而言,《杭州条例》《上海条例》《成都条例》《厦门条例》都做到了。

此外,《西安条例》和《昆明条例》都把"会展"定义为"活动",具体指:展览、展销、会议、节庆。与之相比,《杭州条例》的"活动"还多了"赛事"和"演艺",但少了"展销";《上海条例》的"活动"单指展示(未用"展览"一词)相关会议与商务活动,但明确不包括"展销";《成都条例》将"活动"统称为"集体性活动";《厦门条例》则明确"活动"为"展览、演艺、节庆、赛事等活动"。

按照现在会展业界的共识,"会、展、节、赛、演"合称为"大会展"(活动);"展览"主要指面向专业观众的展示交流;"展销"主要指面向民众的现场展览销售。

从六城市会展条例的相关定义中,可以感受到"会展"概念所具有的广义性和宽泛性。六城市结合自身需要,分别提出自己的定义,也是完全可以理解的。

四、城市政府的促进职责

六城市会展条例都规定了市政府具有对促进会展业发展的职责,并强调市属众多相关部门要在市政府的统一领导和协调下,对会展活动予以支持和配合。

譬如,《西安条例》规定,市人民政府应当将会展业发展纳入国民经济和社会发展规划,增强会展业与旅游、文化产业的融合,促进会展业健康发展。《昆明条例》规定,市人民政府应当将会展业的发展纳入国民经济和社会发展规划,统筹、协调、解决会展业发展的重大事项,促进会展业发展与城市建设、旅游文化和生态建设相结合。《杭州条例》规定,市人民政府将会展业发展纳入国民经济和社会发展规划,制定市会展业发展专项规划,推动会展业与城市建设、科技文化、旅游休闲、商贸金融等方面的融合,促进会展业国际化、市场化、品牌化、专业化、智慧化、生态化发展。《上海条例》规定,市人民政府应当加强对会展业的统筹规划,完善会展活动公共服务体系,组织市有关部门和各区人民政府落实各项促进、服务和保障措施。《成都条例》规定,市和区(市)、县人民政府应当建立支持会展业发展的工作机制,统筹、协调会展业发展中的重大事项。《厦门条例》规定,市人民政府应当加强对会展业的统筹规划,建立会展业议事协调机制,协调会展业发展以及会展活动的重大事项。

其实早在2015年9月,国务院办公厅就发出《关于对建立促进展览业改革发展部际联席会议制度请示的批复》(国函〔2015〕148号),要求联席会议由商务部、发展和改革委员会、教育部、科技部、公安部、财政部、海关总署、税务总局、工商总局(现市场管理监督总局)、质检总局(现市场管理监督总局)、新闻出版广电总局(现新闻出版署)、统计局、知识产权局、贸促会等14个部门和单位组成(后又加入国家标准委),商务部为联席会议牵头单位。所以,上述六城市所作相关规定与国务院上述要求是相一致的。

关于城市多部门提供对会展活动的保障,实践所表明的是,对于重大会展项目,各举办城市相关保障都是可以完全到位的,也可以说是对上述条例的有效落实。但对于其他一般性的会展活动,似乎还缺乏方便可行、可供操作的对上述条例有效落实的相关执行办法。其实对会展业者来说,这方面更显迫切,也更有所期待。

此外,六城市会展条例也都对市级以下行政单位举办会展活动提出了相关要求。这说明,会展活动已经深入县域基层。譬如,杭州市所属各区县(市)就都有自己的会展活动项目,并且已纳入全市会展业的统筹安排之中。杭州市的代表性会展项目——西湖博览会就将许多活动项目安排到各区县(市)。杭州市会展办也在召开全市会展工作会议时,要求各区县(市)汇报工作。又譬如,成都市的都江堰、双流、大邑等县级市、区和县,其县域级别的会展活动也都很有特色。

作为促进条例,六城市会展条例也都提出了有关"促进"的要求和相关的举措。其中比较一致的是,都提到制定扶持鼓励政策,设立专项资金经费。这样,就使城市政府动用财政资金来支持会展业发展有了法律依据。

我们还注意到,除《昆明条例》外,其他五个城市会展条例都明确提出在"促进"的过程中,要遵循"市场运作、公平竞争、政府引导、行业自律"的原则。

至于在"促进"中如何对待政府主办的展会,也是一个有待明确的问题。其中,《上海条例》设立专章强调对中国国际进口博览会(政府主办)予以服务保障。《厦门条例》则明确,政府举办的会展活动实行市场化运作,加大公共服务购买力度。这些都与国务院15号文件已经明确提出的"严格规范各级政府办展行为,减少财政出资和行政参与,逐步加大政府向社会购买服务的力度,建立政府办展退出机制"的要求相呼应。

五、法律责任的比较分析

除《杭州条例》《厦门条例》外,其他四城市会展条例都设立了"法律责任"的专章。其实,作为法规一般是应当设立"法律责任"专章的。

本文注意到,《昆明条例》《上海条例》中的法律责任都引用和依据其他法律法规予以处理。而《西安条例》和《成都条例》则明确规定了涉及会展活动的具体且有针对性的处罚规定。

《西安条例》在"法律责任"中规定三种"违反本条例"的情况,分别是:"举办单位随意变更展会名称、地点、时间和主题内容""举办单位未与会展活动举办场所出租单位签订安全责任书""举办单位未在会展活动现场设置投诉处理点并公布投诉举报电话"。《成都条例》在"法律责任"中规定有两种"违反本条例"的情况,即骗取专项资金和发布虚假信息。

那么如果违规后如何处理呢?《西安条例》进一步规定,届时将"由会展业管理机构责令改正",而且"拒不改正的"要处以罚款。按照行文理解,执行上述罚款的单位为会展业管理机构。并且按照《西安条例》第6条之规定,"市人民政府会展业发展办公室是本市会展业管理机构,负责组织实施本条例。"

《成都条例》的规定是,企业提供虚假信息骗取会展业发展专项资金的,由会展业主管部门依法追回,记入本市失信企业名单并依法实施联合惩戒;构成犯罪的,依法追究刑事责任。违规发布招展信息或者招展信息内容违反相关规定的,由会展业主管部门责令限期改正。发布违法违规广告的,由市场监管部门依法处理。

六、相关条例的特色比较

通过比较,可以认为2020年上海、成都、厦门三所城市出台的会展条例更加完善,也更具各自城市的特色。

上海是我国居于领先地位的会展城市。通过《上海条例》就可以看到上海市会展业的独特性和首位性。具体表现在三个方面:

一是《上海条例》设立专章对"进博会"项目予以服务保障。因为,在上海举办的进博会不是一般的会展,而是我国主动对外开放的政策宣示。而且正如习近平主席所说:"我相信中国国际进口博览会将赋予上海新的靓丽光彩。"

二是《上海条例》的有关内容还涉及长三角地区(第16条和第47条)。这当然是上海位居长三角一体化龙头地位所致。

三是在第14条中有"本市支持境外机构在特定会展场馆独立举办对外经济技术展会"这样的内容。据了解,此前在2018年7月上海市政府制定的《扩大开放100条行动方案》中就曾考虑有此条款。现在不但正式进入《上海条例》,而且等级更高了。这样规定是要比现行规定更加开放。

《成都条例》提出了"服务模式创新"的规定。这是对2020年3月18日中共中央政治局常委会提出的"创新展会服务模式"要求的积极响应与落实。为此,《成都条例》规定,本市支持鼓励会展服务模式创新,推动会展业数字化、智慧化转型升级,创建线上线下双线会展融合发展模式,拓展城市绿道、公园等会展展示新空间。建立会展新经济孵化器、加速器,培育会展经济新场景、新业态、新模式。值得注意的是,2019年12月13日成都市人民政府办公厅发出《关于促进会展产业新经济形态发展的实施意见(成办发〔2019〕40号)》就提出了这方面的要求。文件在"指导思想"中提出,全面贯彻新发展理念,以创新会展经济发展新场景、新模式为路径,促进会展产业转向"聚合共享、跨界融合"的新经济发展模式,形成上下游贯通、全产业价值链融合发展的会展新经济生态圈,赋能全市产业功能区,打造新的动力增长源,加快推动国际会展之都高标准建设,实现会展新经济高质量发展。所以,《成都条例》的相关规定也是与上述文件精神相关联的。

《厦门条例》的特色在于对本城市的重点展会项目予以明确的支持和引导。第16条就规定,市会展业主管部门应当会同行业主管部门,推动优势产业、重点产业与会展业融合发展。支持招商单位利用中国国际投资贸易洽谈会、海峡两岸(厦门)文化产业博览交易会等专业会展平台进行投资环境和政策推介、开展资源和项目对接。在第17条规定,发挥厦门工业博览会(台交会)以及其他重大涉台交流合作平台优势,积极推动两岸在商贸物流、文化旅游、金融服务、平板显示、计算机、软件信息、半导体与集成电路等领域开展行业交流合作。作为本文结尾部分,拟再从"十四五"时期的发展方向上对我国会展城市的会展促进条例制定提出一些看法。

《中共中央关于制定国民经济和社会发展第十四个五年规划和二〇三五年远景目标的建议》中提出了"十四五"时期经济社会发展必须遵循的原则。其中就包括,国家治理效能得到新提升。社会主义民主法治更加健全,国家行政体系更加完善,政府作用更好发挥,行政效率和公信力显著提升。因此,适时实施会展立法乃是贯彻上述原则的题中应有之义。在当前全国性的会展立法时机尚不成熟的情况下,一些会展业发达的城市率先进行城市地方性会展法规的制定与施行,正是推进我国会展法治建设的重要探索与实践,值得大力推广与积极宣传。

从六城市的会展条例来看,其时间跨度达七年之久,但速度越来越快,质量越来越高,这是非常值得称赞的。2015年3月,国务院15号文件就提出了"优化(展览)市场环境"的要求。而市场环境的优化是要靠一系列的法律法规来提供保障的。所以,城市会展条例的制定正是优化会展市场环境具体的和有力的举措。

按照"十四五"时期的要求,我国的会展业要进一步实现高质量的发展。而加强会展业的法制建设将是其中的重要环节。据了解,西安、杭州已经提出对原有会展条例进行修订的相关安排。还有一些会展城市也在积极探索关于本城市会展条例制定的有关事项。所以,我们完全可以对中国会展法制建设在"十四五"时期的新进展和新成果充满信心。

展会主办方的法律困境与会展立法前瞻

陈树中[①]

尊敬的袁会长、在线的各位会展业界的专家、各位领导、各位同仁、会展企业家：

大家下午好！我非常高兴，也热烈祝贺首届中国会展法治论坛举办及中国会展经济研究会会展法律与政策工作委员会成立。中国作为一个正蓬勃发展的会展大国，到今天，会展业界迫切盼望会展法律的进一步完善，以规范会展经济，保护会展企业的合法权益。

这个论坛由我第一个演讲，我来自地方政府主管会展工作的部门，结合自己的实际经验，我在这里讲一些关于会展主办方在实际工作中的法律困境，以及个人对会展业立法的一些想法，供各会展管理部门领导和法律专家参考。

我认为一部法律的建立或者完善，需要厘清一些基本的概念和一些迫切需要解决的问题。首先就是会展主办方。在中国，会展主办方怎么界定，我觉得并不是那么简单。在实际工作中，我接触到的会展的组织结构、组织架构可谓五花八门，一个活动的组委会往往会出现一系列的领导和职务，有主办、指导、协办、承办、联合主办、联合协办、联合承办、执行承办等，在组织架构方面，目前我还没看到真正的、规范的做法。

其次，在组委会里面我常常看到主办方有很多职务，比如组委会的名誉主任、顾问团、主任、副主任、秘书长、副秘书长以及若干个部长等等，机构十分庞大。可能这里面很多挂组委会职务的人员连会场都没到过，也没参加过组委会实际的筹备工作。这是一种现实。

中国由于国情和沿袭下来的文化因素，在实际的经济活动中往往会讲级别。如今的展会，有国家级的，比如国新办批准的、国家部委或者地方省政府联合主办的，有经过国家部委或者省级人民政府批准的省级的、市级的展会，有的展会甚至号称自己是世界级的展会，然而这些级别从概念上也说不清。有很多完全由市场主体主办的展会，为了一个名分，不管有没有需要，都会找一些国家级的协会、行业组织来冠名。有的组织是真正地参与了展会活动，有的则是纯粹提供冠名。展会主办方交一点冠名费，获得国家级组织的冠名，以显示自己的展会有组织身份，

---

① 陈树中，长沙市会展办主任。

比较有公信力。

在实际工作中,为了保证展会有更多的资源,主管部门会在组织架构上做很多文章,这给主办方带来很大的协调工作,耗费了大量的精力。那么到底谁是展会的主办方?我们要厘清其法治层面的概念。展会有发起方、运营方和直接受益方,那么这个展会的风险,包括工作风险、安全风险等方方面面的风险由谁来承担?我觉得会展业立法首先得把这些问题梳理清楚。

在做这次演讲之前,我大致浏览了一下我国各个地方的立法(办法、管理条例、意见等),其对展会的主办单位有很多的表述。比较普遍、典型的定义是:展会主办方是指负责制定展览的实施方案和计划,对招展、办展活动进行统筹、组织和安排,并对招展、办展活动承担主要责任的单位。但是我仔细思考后,认为这种表述实际上强调了主办方的责任,未体现主办方的权利,必然会带来主办方的法律困境。虽然这种表述能够将展会主办方在众多参与方中指向展会项目实际承办方,但承办方既可以是受主办方协议委托担任项目执行,也可以兼具主办和执行双重身份。例如在政府主办的展会中,承办方往往是被主办方招标或者以协议的形式指定作为项目的执行者,其承担的工作实际是项目的执行工作。而展览公司作为市场主体,也是真正的展会发起者、责任承担者,往往无法与政府以及国家级协会并列作为主办方,只能列为承办方,因此会带来很多法律上的问题。

我认为经贸类的展会,它本身属于典型的经营活动,经营活动的目的在于追求利润。投资—运营—获利过程必须贯穿着责任、权利、利益对等的原则,而在实际操作中时常存在着不对等的状态。只有根据经济活动中责任、权利、利益对等原则才有可能厘清真正的主办方,从而厘清展会各参与方的法律责任。因为一个展会的参与方是多方面的,包括主办方、政府部门、媒体、展商、观众等等。所以,我认为主办方的定义是:展会主办方是指发起策划并投资运营该展会项目的法人或自然人,负责展会项目方案制定、展会过程控制、享有展会品牌价值(这点非常重要,后面会具体阐释)、承担展会项目运营的经济责任和法律责任。我认为这样的定义比较贴近现实。

这是我讲的第一个问题,接下来在此基础上,我将阐述会展主办方面临的法律困境。

会展主办方会面临众多的风险。疫情之后我也写过一篇文章对会展做了定义,即风险相对可控的聚集性活动。有的定义过于强调会展的聚集性活动,有的过于强调会展的风险性。展会面临的风险是多方面的,我列出了六个方面:第一,政治风险。比如由于重大的国务活动,主办方精心筹办的展会可能会被取消或者改期,这对展会的主办方而言是很大的风险。第二,政策风险。有些展会因国家的产业政策和其他宏观政策导向,而面临被迫取消的风险。第三,产业风险。产业的衰败会在源头上给展会带来极大的负面影响。第四,自然风险。一些不可抗拒的自然灾害会给展会带来影响。第五,安全风险。这不仅是社会安全,还包括展会运营过程中面临的各种安全因素。第六,投资风险。举办展会是有投入的,投入与回报不平衡也是一种风险。投资风险中还包括法律上的特别是知识产权上的纠纷。

在展会的众多风险里面,我认为目前面临的最大困境,主要体现在两个方面:一个是安全责任,另一个是知识产权问题。关于安全责任,新冠肺炎疫情发生以后,会展主办方有非常切身的体会。我梳理了几点展会的安全因素:社会环境安全、公共事件安全、设施状况安全、施工安全、消防安全、现场治安、食品安全、交通安全等。显然,影响展会的安全因素是多方面的,有的是主办方可控的,有的则是依靠主办方自身力量不可控的。那么"谁主办谁负责"这一通常准则怎么落实?一旦有安全事故,法律责任该怎么划分?这是在会展法治建设中必须要考虑的问题。

在市场经济条件下,政府与企业的角色不能错位是关键,这样会展法治建设才可能在此基础上开展。企业和政府到底应该扮演怎样的角色?我认为对于企业来说,需要做到依法纳税、守法经营、安全生产、善尽社会责任;对于政府来说,需要创造公平竞争的市场环境,提供公共产品和优质公共服务。展会的安全责任涉及面很宽泛,有主办方负主要责任和次要责任的,也有政府部门负主要责任和次要责任的,所以会展立法必须厘清政府和企业在会展经济活动中各自的角色,才能更好明晰责任关系。

会展知识产权纠纷,用六个字来概括:"剪不断,理还乱。"最近,我接触到一个展会,展会的知识产权涉及面很宽,有展会自身品牌的知识产权,也有展商和展品的知识产权问题。展商和展品的知识产权问题在现有的法律框架下是有依据来进行规范的。比如《商标法》《消费者权益保护法》《反不正当竞争法》,对于展品的知识产权可以通过这些法律来调节。但对于主办方来说,目前最大的困扰还是会展品牌的知识产权保护问题。这个问题是中国会展业界面临的一个十分迫切也十分突出的问题,需要会展实际工作者和理论工作者一起来研究、解决。它关系到品牌化、国际化和市场化战略实施,关系到投资者的合法权益。我在实际工作中看到有主办方投入了大量的资金、经过多年的经营建立起的品牌展会,结果被轻易地"拿"走了,这对企业来说是非常大的损失。

会展品牌的知识产权保护问题不仅关系到项目的可持续发展,还会影响会展作为一个产业的法律地位。造成知识产权保护问题的原因是多方面的。一方面来自公权力。主办方对展会知识产权的保护困境源于两个因素：主办方概念的混淆不清和主办方对展会资源整合能力不足。我国的会展企业目前还处于发展的初级阶段，它对行业的影响有限，依靠会展公司自身整合参展商、观众和整个组织公共服务方面的资源十分吃力。所以会展组织者才会找那么多的主办方，请那么多的领导，设置那么多的职务。另外，这个问题还源自政府部门对重要产业资源的强势控制力、影响力。不管是垄断性的行业，还是市场充分竞争的行业，政府的影响力要远远大于展会的主办方。政府主管部门为企业召开的协调会有一个很重要的工作，就是帮助企业协调、组织、动员参展。那么，这个展会的知识产权到底属于冠名的主办方、政府、协会，还是属于呕心沥血经营会展项目的主办方、投资方、风险承担方？这个问题需要厘清。

另一方面来自市场。目前，展会题材的同质性是一种普遍现象，在同一个城市，同一个题材都存在很高的同质性，而且其中的竞争，包括展会的名称，没有得到事实上的法律保护。由于从事会展业的低门槛特点，办展会的企业很多，兴衰交替，不停地出现。同时展会名称乃至展会创意的易复制性，导致复制出来的展会创意也难以得到法律保护。

基于这些问题，我对会展业立法提几点建议：第一，要厘清会展业立法上存在的几个问题：一是会展业范围及会展主办方、参与方界定；二是展会名称及创意的知识产权保护（应该作为立法重点）；三是政府对于会展业行政管理的界限。会展法最重要的一个作用就是解决政府和企业的问题。同时我也建议在会展业的法治建设中能够通过全国人大出台会展法作为上位法，便于地方立法统一规范，辅以地方法规、部门规章，以更符合各地会展业发展实际。同时每一部法律我们都必须明确执法主体，中国的会展业要健康发展，需要会展法的出台，从上自下形成一贯的执法体系。这是每一个会展人，不管是会展的主管部门工作人员还是会展业从业人员都十分期待的。谢谢！

后疫情时代中国会展法立法探讨[①]

张万春[②]

我的分享分为四个方面：第一，《民法典》与会展业立法；第二，探讨《上海市会展业条例》对其他地方会展立法的启示；第三，在前两个方面的基础上探讨地方会展立法可以借鉴的法律制度；第四，探讨在后疫情时代对地方会展立法的个人担忧。

一、《民法典》与会展业立法

首先我分享的是《民法典》与会展业立法。《民法典》的通过是法学界的一件大事。从1804年《法国民法典》到1990年《德国民法典》再到2020年《中国民法典》，从大陆法系视角看，我们能够看到《民法典》对人文和人性的关怀。《民法典》的通过不仅仅是法学界的大事，它还是上升到政治层面依法治国的国家大事。《民法典》体系庞大，总共有七编（除"附则"外）1260条，包括总则、物权、合同、人格权、婚姻家庭、继承和侵权责任。内容被《民法典》覆盖的法律，例如《民法总则》《物权法》《合同法》《担保法》《侵权责任法》《婚姻法》《继承法》等相关法律就会被废止。

《民法典》的结构和内容比较复杂，对会展业立法的影响体现在两个方面。

第一，《民法典》对于会展业立法的基本原则有指导作用。在《民法典》当中，至少有两条基本原则值得会展业立法借鉴。首先是绿色原则（生态文明原则）。生态文明建设是"五位一体"建设的重要内容，也是习近平法治思想的重要组成部分。生态文明不仅是一项法律基本原则，而且越来越成为我们生活的指导性原则。就会展法来讲，生态文明原则应当体现在举办会展活动的全过程。以场馆和交通为例，场馆及周围是否影响了居民的出行和生活？是否造成交通拥堵和环境污染？会展场馆中有大量废弃的矿泉水瓶和废纸，这些都不符合生态文明原则。

[①] 基金项目：北京市社科基金研究基地重点项目"文化创意产业视角下北京会展业法治路径研究"（19JDFXA001）；北京政治文明建设研究基地开放课题《民法典》时代地方会展立法研究（21zzwm015）；北京学研究基地开放课题"北京文化软实力建设的会展撬动机制与法律规制"（SK60201902）。本文由北京联合大学应用文理学院范玉瑾根据张万春演讲整理，并经演讲人本人修改。

[②] 张万春，北京联合大学应用文理学院法律系副教授、硕士生导师，中国会展经济研究会会展法律与政策工作委员会主任。

中国会展场馆的建设体量是世界一流的，国家也明确要求会展场馆的建设要秉持生态文明原则，《民法典》也再次重申了这一原则。因此，绿色原则（生态文明原则）应当作为会展业立法的基本原则。这对于会展业的发展是有利的，可以有效避免会展活动结束后垃圾遍地的情况。其次是诚信原则。会展活动存在许多侵权和不正当竞争的现象，例如盗用知名会展品牌现象。如果这样的现象发生在国际展会上，不仅对会展业，甚至对整个中国形象都是一种抹黑。所以诚信原则将来也一定要写入会展业立法的基本原则。《民法典》的这两项基本原则是会展业立法可以借鉴的。

第二，《民法典》对会展业立法的制度建设影响。首先是涉及会展合同的合同法制度。在新冠肺炎疫情影响下，大量的会展活动被迫取消或延期。会展活动从法律意义上讲是会展合同链条的闭合，所以每一场会展活动都会涉及大量的会展合同。在疫情背景下，当会展活动被延期或者被取消时，会展企业和其他相应的会展主体所签订的合同怎么办？合同需要变更还是终止？能不能引用"不可抗力"条款和"情势变更"条款？《民法典》中的合同法对于这种情况给出了答案。其次是会展知识产权保护制度。《民法典》并没有明确写入知识产权保护制度，但是明确了知识产权的"7＋X"范畴（即作品；发明、实用新型、外观设计；商标；地理标志；商业秘密；集成电路布图设计；植物新品种；法律规定的其他客体）。从更广阔的视角来看，会展知识产权的保护不仅仅需要《民法典》，更需要在这个基础之上制定更加专业的会展知识产权法，所以会展知识产权立法更应该加强。商务部2006年草拟了《展会知识产权保护办法》，后来修订版征求过社会意见，但是一直没有出台。展会知识产权或者会展知识产权一直是会展法律中的一个核心问题。会展知识产权不仅仅是展品本身的知识产权，还涉及会展品牌的知识产权。上海的会展立法对二者有较明晰的区分。再次是会展大数据与个人信息保护制度。《民法典》中明确写入了保护隐私权与个人数据。会展企业在举办会展活动时，掌握了大量的客户资料，这些资料如何管理？如何运用？一些国家在这方面给出了比较好的范例，例如新加坡。新加坡的会展业非常发达，且十分重视对隐私和个人信息的保护。只有依法保护个人信息才会对会展业的发展起到真正的、良性的促进作用。最后是会展法律责任的承担制度。《民法典》把侵权责任也纳入其中。实际上，在办展会的过程中，企业可能侵犯的是一个品牌的权益，也可能侵犯的是一个主题的权益，甚至可能侵犯的是一个口号的权益。但是对一般的观众或者一般的展商而言，可能区分得不那么清楚。在这种情况下，被侵犯的主体适用侵权责任来获得相应的赔偿。这个制度需要内化到地方会展业立法当中，而不是简单地照搬。

以上是我要分享的第一个方面——《民法典》对会展业立法的一些有益启示，分别是两个基本原则和四项法律制度。

二、《上海市会展业条例》对其他地方会展立法的启示

接下来我想分享《上海市会展业条例》对其他地方会展立法的启示。2018年我受邀参与了《上海市会展业条例》专家稿的部分审稿工作，对《上海市会展业条例》出台过程比较清楚。《上海市会展业条例》是2020年通过的一部新条例，对地方会展业立法能够产生一些有益启示。《上海市会展业条例》不是促进条例，属于省级地方性法规，内容更综合、更全面。

《上海市会展业条例》具有较强的引领和示范作用。这部条例给我留下深刻印象的有三个部分。

首先是关于进博会的部分。在立法草案和专家建议稿中并没有这一部分，后来加上了。条例用一个章节和五个条文保障进博会。一个省级地方性法规，对某一个展会进行专门立法保护，这样的保护力度是空前的。《上海市会展业条例》中的这一点很独到、很有特色。

其次是关于会展知识产权的部分。当前法律对会展活动和会展品牌的知识产权保护其实是偏弱的，而《上海市会展业条例》中明确写入了知识产权保护的条款，对会展活动的名称、主题以及相关的标志等都进行保护，对这些标志的保护以前只有世博会和奥运会才有。由此可见，《上海市会展业条例》对会展知识产权的保护的力度比以前更大，这一点和原来相比还是有很大区别的。

最后是法律责任部分。《上海市会展业条例》是一个省级地方性法规，比地方性法规对会展活动中的违法现象惩罚的力度更大、手段更多。它设有专门的法律责任章节，严格规定了会展活动法律责任，这是值得学习的。

在西安、昆明、杭州通过地方性的会展业促进条例之前，地方会展业立法属于地方政府规章级别。这三个条例通过以后，会展业立法上升了一个层级，到了地方性法规层面。《上海市会展业条例》通过后，又提高了一个层级，属于省级地方性法规。从目前立法进程来看，全国人大或全国人大常委会在短时间内制定《会展法》仍比较困难。商务部2007年和2009年都尝试过《会展法》草案提案，但因立法时机还不成熟而被搁置，这与会展业的发展有关。产业达不到一定规模，很难上升到全国关注的层面，也很难上升到立法的层面。所以只有会展业做大做强，才会进入全国立法层面。当然，这也需要全国的会展业从业者和学者共同推动。

三、地方会展立法可借鉴的法律制度

在《民法典》和《上海市会展业条例》的基础之上,在疫情背景下和后疫情时代,地方会展业立法有哪些可以借鉴的制度?这次疫情对会展业提出了一个巨大的挑战,这种情况下,其他城市的会展业应该效仿长沙市,会展主管部门应该效仿长沙市会展办,积极带动产业发展。在这个过程中,如果没有政府相应政策保障,会展业是寸步难行的。所以我认为以下几个方面的制度可以借鉴,也可以写进地方会展业立法中。

第一,主体责任和属地责任制度。目前地方会展业立法在定义办会和办展的主体方面非常混乱,这是因为我们对它的研究和重视程度还不够,而且立法者认为这个概念不那么重要。政府出台的任何一项政策都可能会让会展活动终止或延期,所以在为会展业立法的时候,应当把会展主体界定清楚,即主办单位、参与主体有哪些。还要把主办方、承办方、协办方乃至管理方等各方面的主体责任界定清楚。既然是属地责任制,地方性会展业立法就更应当有担当和责任。主体责任和属地责任会在将来的地方会展业立法当中被强调和被重视。

第二,会展合同法律制度。在疫情期间,线下举办会展活动受阻,企业纷纷转求线上出路。原来很多签订的会展合同面临合同变更、终止等问题。会展业界这次对会展合同的问题比以前更加重视,这里面涉及大家感兴趣的不可抗力条款处置问题。《民法典》中有不可抗力条款,原来的《民法总则》与《合同法》中也有。不可抗力条款应当被明确写入会展合同中。在这次疫情中,如果会展企业将不可抗力条款写入合同,在处理合同纠纷时,就可以援引不可抗力条款;如果没有写入,就存在风险。想要规避风险,就一定要将不可抗力一一列举在合同里,还要找专业的律师来做这项工作。不可抗力条款有一些重要的细节问题需要考虑,例如把疫情写入合同作为不可抗力条款时,在涉外合同中会涉及"流行病"一词的翻译问题,可能会用到"Epidemic"这个词,还有一个表示流行病的词是"Pandemic"。但是"Pandemic"这个词的语义更重,它表示全球性的流行病。如果疫情达不到这个级别,就不能够援引这个条款。当然,不仅是不可抗力条款,关于合同本身的制度还有很多值得借鉴,在此不一一赘述。

第三,会展活动的保险法律制度。大型会展活动,例如世博会和世园会等一定会签订若干保险合同,但很多中小型会展企业对中小规模的会展活动的保险并不重视。这次疫情告诉我们会展活动保险的重要性。如果会展活动终止或延期,参展商、主办方、承办方等各个主体的损失由谁承担?如果前期签订了会展保险合同,损失就可以由保险公司承担。我们买车的时候会买车险,为了身体健康会买健康险，这类保险都有完善的法律制度保障。将会展活动的保险制度纳入会展立法，并将其作为举办会展活动时的常规制度，对主办方、参展商等主体均有利。

第四，线上会展长效机制和生态机制。线上会展是疫情背景下会展业的一个新出路。但是，现在的信息技术还不能够广泛应用于线上会展活动，例如5G通信技术、8K超高清视频技术等，由于成本过高，许多会展活动并不会采用。一般的会展活动，要真正做到线上举办，或是线上线下融合举办，会面临诸多技术问题、协调问题以及机制问题。线上会展活动不仅在疫情特殊背景下有意义，在疫情常态化或疫情结束以后，仍然具有重要意义。所以我们还需要探索一种可以真正长期运行或生态运作的线上会展管理机制，并将其纳入地方会展业立法。

第五，《民法典》中的隐私权与大数据保护。现在国家强调数字经济，会展业立法应当确立与数字经济有关的一系列制度。会展活动的数字化越来越明显，会展大数据成为老生常谈的术语。然而会展业的大数据是否有水分？这一点有待商榷。当我们用数据驱动会展活动的时候，这个数据是不是有效数据？会展业的发展，绝不能靠虚构数据，需要真实客观的数据。另外，在采集数据时是否注重了合法性？这是非常基础但重要的工作。所以现在数字经济比较发达的国家更提倡精数据。数据越精确，对会展活动的指导就越准确。随着大数据的作用越来越突出，对隐私权和大数据的保护需求也越来越迫切，对隐私权和大数据的规范也应当纳入会展业立法。

四、后疫情时代会展法立法隐忧

最后，我想表达对疫情背景下或后疫情时代地方会展业立法的一些担忧。

第一个担忧是备案制和审批制问题。现在举办会展活动很少采用审批制，基本实行备案制。商务部、公安部、卫生健康委《关于展览活动新冠肺炎疫情常态化防控工作的指导意见》指出，按展览活动举办地疫情应急响应级别，分别由相应的省级、地市级、区县级疫情防控领导机构对展览活动出具举办必要性和已落实防控举措、具备举办条件的评估意见。根据文件精神，可以看出在举办会展活动时需要各地疫情防控机构的评估意见。如果没有疫情防控领导机构的审查意见，后面所有的程序都无法进行。这样的审查流程已经纳入会展活动申报系统，该系统需要填写的第一个文件，可能就是相应的疫情防控领导机构的评估意见。从属性上看，这个流程是不是带审批制的性质？会展活动的举办，一方面要做好疫情防控，另一方面还要保证活动正常开展，如何平衡二者，是一个难题。会展活动备案的程序是不是审批制，这是我的担忧。如果是一种审批制度，那么应当在会展业立法中加以明确，并且明确在这种突发性公共卫生事件的背景下需要审批的条件。

　　第二个担忧是会展的概念与属性问题。会展概念是一个常谈常新的基础性问题，比较常见的是"会议＋展览""大会展说""活动说"等不同观点。随着各界对会展研究的深入，会展的外延逐渐拓展，通常认为会展包括会议、展览、节庆、演艺、赛事活动等。观点容易确立，但是需要更严密的逻辑论证。会议、展览、节庆、演艺和赛事活动等范畴是否存在规律性？为何在现实中会展业与演艺、赛事分离？二者能否融合？"大会展说"或者"活动说"能否解释这些问题？从目前的研究来看，还没有明确的答案。而在会展立法过程中，面临的第一个问题就是界定会展概念。这决定了会展业立法的范围。所以，会展概念应该在两个层面厘清，一个是立法层面，另一个是学术研究层面。立法层面应当务实，可以采用列举与归纳方式进行界定，但是既不能毫无理论依据地全包括，也不宜过分限制或限缩。学术研究层面可以尽量放开，包容不同学说，研究其中的普遍规律。在疫情期间，会展界出现过一种声音："B2B展览应该脱离会展的范畴。"他们认为B2B展览不是会展，不属于大规模聚集性活动。这种想法的初衷就是想把B2B展会从大规模聚集性活动中脱离出来，从而可以在疫情期间举办。乍一看，这种想法是会展业在疫情背景下的努力抗争，但从长远来看很显然对会展业的发展是不利的。会展业目前还是一个小产业，我们再把展览里面的B2B展分出去，那会展业将缩小到怎样的体量和规模？所以不管是在地方会展业立法，还是在学术研究层面，定义会展都不应该进行简单的阉割，应当保持它的完整性，以此给地方会展业立法带来科学的、理论性的指导。

　　最后一个是线上会展知识产权与线上会展的不正当竞争问题。现在的线上会议各种各样，线上会议的品牌有待塑造。当线上会议品牌形成或线上会议模式成熟之后，线上会议品牌将更容易被复制、被侵权，这又将带来新一轮的不正当竞争甚至恶性竞争。

我国会展行政审批制度改革的现状、问题与对策研究

杨琪[①] 于凡[②] 徐艺玲[③]

摘　要：会展行政审批制度改革是我国行政审批制度改革工作的重要组成部分，会展活动行政审批改革力度大、涉及部门多，是一个复杂的工程。行政审批制度改革使行政权力运行逐步规范，行政审批受理、实施、监督等环节建章立制，释放了市场活力，推动了会展产业的发展，取得了很大的成效。同时也存在行政许可时间规定不合理，行政许可前置条件包含"隐性"行政审批，以及因疫情防控需要的新增未列入行政许可目录的审批等问题。

关键词：会展；行政审批；行政许可；管理模式

会展是有计划、有组织、有特定主题的临时性集体活动。会展活动具有鲜明的公共性，在特定公共场所举办，面向特定的群体，围绕公共议题，提供公共服务。因此，政府部门需要运用公共管理政策工具对会展活动进行监管，设置会展活动的相关行政审批制度。本文拟对我国加入世贸组织以来会展活动行政审批制度改革的情况进行梳理，分析其现状与问题，探寻进一步优化的对策。

一、我国会展活动行政审批制度改革的现状

（一）会展行政审批制度改革的总体情况

2001年底，我国正式加入世界贸易组织（WTO），并开启了新一轮行政审批制度改革。2003年第十届全国人民代表大会常务委员会第四次会议通过《中华人民共和国行政许可法》并于2004年7月1日起正式施行。2013年，党的十八届三中全会审议通过了《中共中央关于全面深化改革若干重大问题的决定》，提出了全面

[①] 杨琪，湖南汨罗人，博士，副教授，天津商业大学科研处副处长、会展研究所所长，主要从事会展学、中国传统哲学等领域的研究。

[②] 于凡，内蒙古兴安盟人，天津商业大学公共管理学院硕士研究生，主要从事公共管理、会展学等领域的研究。

[③] 徐艺玲，贵州贵阳人，天津商业大学公共管理学院硕士研究生，主要从事公共管理、会展学等领域的研究。

正确履行政府职能,进一步简政放权,深化行政审批制度改革,最大限度减少中央政府对微观事务的管理。市场机制能有效调节的经济活动,一律取消审批,对保留的行政审批事项要规范管理、提高效率;直接面向基层、量大面广、由地方管理更方便有效的经济社会事项,一律下放地方和基层管理。行政审批制度改革是给企业松绑减负,激发经济社会发展内生动力最有效的手段之一。十八届三中全会以后,中央编办按照"5+1"任务清单,即国务院部门行政审批事项清单、非行政许可审批事项清单、中央指定地方实施审批事项清单、工商登记前置审批改后置事项清单、行政审批中介服务清单以及地方政府工作部门权力清单和责任清单,编制了《行政许可标准化指引》,逐条落实精简审批事项。

历经20年,国务院先后发布了23个取消和调整行政审批项目及行政许可的文件,一共取消了2728个行政审批项目,改变管理方式719项,取消职业资格许可145项,前置审批改为后置审批31项,取消行政审批中介服务298项,一共涉及行政审批事项3921项(见表1)。同时,保留了确需设置的行政许可项目500项,并做了两次修订。2004年发布了《国务院办公厅关于保留部分非行政许可审批项目的通知》(国办发〔2004〕62号),暂时保留了211项非行政许可审批项目,2015年11月27日,国务院宣布此文件失效。

表1 2002年以来国务院取消和调整行政审批项目统计

序号	发布时间	取消和调整行政审批项目批次与文号	取消项目	改变管理方式	取消资格许可	改后置审批	取消行政审批中介服务
1	2002/11/1	第一批 国发〔2002〕第24号	789	—	—	—	—
2	2003/2/27	第二批 国发〔2003〕第5号	406	82	—	—	—
3	2004/5/19	第三批 国发〔2004〕第16号	385	85	—	—	—
4	2007/10/9	第四批 国发〔2007〕33号	128	58	—	—	—
5	2010/7/4	第五批 国发〔2010〕21号	113	71	—	—	—
6	2012/9/23	第六批 国发〔2012〕52号	171	143	—	—	—

续表

序号	发布时间	取消和调整行政审批项目批次与文号	取消项目	改变管理方式	取消资格许可	改后置审批	取消行政审批中介服务
7	2013/5/15	国发〔2013〕19号	71	20	—	—	—
8	2013/7/13	国发〔2013〕27号	27	15	—	—	—
9	2013/11/8	国发〔2013〕44号	53	29	—	—	—
10	2014/1/28	国发〔2014〕5号	63	19	—	—	—
11	2014/7/22	国发〔2014〕27号	36	48	11	31	—
12	2014/10/23	国发〔2014〕50号	41	99	67	—	—
13	2015/2/24	国发〔2015〕11号	75	40	67	—	—
14	2015/10/14	国发〔2015〕57号	62	—	—	—	—
15	2015/10/15	国发〔2015〕58号	—	—	—	—	89
16	2016/2/3	国发〔2016〕9号	152	—	—	—	—
17	2016/2/28	国发〔2016〕11号	—	—	—	—	192
18	2017/1/21	国发〔2017〕7号	39	—	—	—	—
19	2017/1/22	国发〔2017〕8号	—	—	—	—	17
20	2017/9/29	国发〔2017〕46号	52	—	—	—	—
21	2018/8/3	国发〔2018〕28号	11	—	—	—	—
22	2019/3/6	国发〔2019〕6号	25	6	—	—	—
23	2020/9/21	国发〔2020〕13号	29	4	—	—	—
合计			2728	719	145	31	298

来源：中国政府网 http://www.gov.cn/zhengce/.

我国在《加入世贸组织议定书》附件九中对会展服务（CPC87909）的对外开放做出了承诺。会展活动的审批制度改革是国务院行政审批制度改革的重要内容之一。20年间，我国一共取消和调整了69项会展活动行政审批事项，其中，国务院取消会展活动行政审批事项56项，取消中央指定地方实施行政审批事项6项，调整行政许可方式7项。在国务院发布的500项确需设置的行政许可项目中涉及会展相关的行政许可15项。从总体上看，我国会展活动行政审批制度改革涉及政府部门多、范围广，有力推动了政府职能转变和会展活动规范化管理。

(二)会展行政审批制度改革的两个阶段

我国行政审批制度改革的进程可以分为两个阶段。第一阶段是从2001年加入世贸组织到2012年党的十八大召开,这一阶段的主要特征是行政审批项目全面清理和调整。第二阶段是党的十八大以来至今,这一阶段的主要特征是行政审批制度的进一步优化和深度调整。

第一阶段,国务院取消和调整了六批行政审批项目,一共取消1992项行政审批项目,占取消行政审批项目总数的73.02%;改变管理方式439项,占改变管理方式的行政审批项目总数的61.06%。在会展行政审批改革方面,一共取消了52个行政审批项目,下放和调整管理方式的行政审批项目4项,占会展行政审批改革项目总数的81.16%。第一批取消了13个会展审批项目(见表2),第二批取消了16项(见表3),第三批取消了20项(见表4),第四批和第五批分别取消了1项和2项(见表5)。下放和调整管理方式的行政审批项目分别是:设立营业性演出场所审批,改为告知性备案;出国(境)举办经济贸易展览会组办单位资格审批,不再作为行政审批、实行自律管理的行政审批项目;在渔业部门管理的国家级自然保护区的实验区开展参观、旅游活动审批,下放后实施机关为省级人民政府渔业行政部门;升放无人驾驶自由气球或者系留气球活动审批,下放后实施机关为县级以上气象主管部门。

这一阶段,我国还发布了《国务院对确需保留的行政审批项目设定行政许可的决定》,保留了500项行政许可。2009年1月29日,发布了《国务院关于修改〈国务院对确需保留的行政审批项目设定行政许可的决定〉的决定》,进行了第一次修订。

表2 国务院第一批取消的会展行政审批项目一览表(2002年11月1日)

序号	部门	项目名称
1	科学技术部	全国科技成果展览会及技术交易会的审批
2	国家经贸委	(全国性)非涉外经济贸易展览会
3	信息产业部	信息产业涉外展览办展单位资格的审核
4	文化部	个人通过因私渠道出国(境)从事文化活动审批
5	文化部	举办美术品拍卖活动的审批
6	文化部	一般公益性群众文化艺术活动的审批
7	人民银行	单位举办黄金制品展览会核准
8	人民银行	举办全国性或国际性黄金展览(展销)会核准

续表

序号	部门	项目名称
9	劳动保障部	职业技能竞赛活动审批
10	体育总局	跨地区和全国性、国际性体育用品展览、展销活动批准
11	旅游局	旅游商品类展销活动审批
12	烟草专卖局	外国烟草公司常驻代表机构下一年度举办活动计划的审批
13	烟草专卖局	外国烟草公司常驻代表机构举办计划内促销活动的审批

来源：中国政府网 http://www.gov.cn/gongbao/content/2002/content_61829.htm.

表3　国务院第二批取消的会展行政审批项目一览表（2003年2月27日）

序号	部门	项目名称
1	铁道部	铁道系统国际科学技术会议与展览的审批
2	水利部	水利系统国际科学技术会议与展览审批
3	外经贸部	境内举办对外经济技术展览会主办单位资格的审批
4	文化部	举办冠以"中国、国家、全国"等名称的商业性艺术品比赛、展览、展销等经营活动审批
5	文化部	地方性的有赞助的美术品比赛、展览、展销审批
6	文化部	举办跨省的商业性美术品展览审批
7	文化部	中国文联组派本团体10人以内艺术团组出国进行非营业性演出及展品在40件以内艺术展览出国或邀请外国同等规模展览来华在京展出的备案
8	广电总局	直属各单位举办、参加各类广播电影电视设备展览会审批
9	广电总局	举办全国性广播影视技术交流会和研讨会审批
10	体育总局	举办教练员岗位培训活动资格审定
11	烟草专卖局	在京从事重大卷烟促销活动审批
12	文物局	地方文物博物馆举办文物巡回展览审批
13	文物局	文物出国（境）展览组织者资格认定
14	文物局	文物展览展品承运人资格认定
15	文物局	文物展览展品委托运输合同备案
16	文物局	出国文物展览展品包装工作资格认定

来源：中国政府网 http://www.gov.cn/zhengce/content/2008-03/28/content_1994.htm.

表 4　国务院第三批取消的会展行政审批项目一览表（2004 年 5 月 19 日）

序号	部门	项目名称
1	科技部	在国内举办的一般性国际科学技术会议审批
2	教育部	自费出国留学中介服务机构跨省开展业务活动审批
3	教育部	组织中小学生赴境外开展夏（冬）令营等活动审批
4	民政部	生产、销售丧葬用品审批
5	商务部	台湾企业来大陆参加一般性经济技术展览会审批
6	商务部	内地赴港澳招商办展活动审批
7	商务部	内地赴港澳参展活动审批
8	文化部	个体演员申领营业性演出许可证审批
9	文化部	全国公益性大型群众文化艺术活动审批
10	文化部	利用互联网经营艺术品、音像制品、网络游戏、演出活动及相关活动审批
11	广电总局	举办全国性广播电视交流、交易活动批准
12	工商行政管理局	因私出入境中介活动广告审批
13	新闻出版总署	地方或专业性出版物订货、展销活动审批
14	林业局	举办国有林场参加的全国性培训活动审批
15	文物局	全国重点文物保护单位接受国外及港澳台地区的捐建项目审批
16	文物局	国外及港澳台地区捐赠文物保护项目审批
17	文物局	国外及港澳台地区捐赠文物保护项目的冠名审批
18	证监会	期货交易所理事会会议决议及其他会议文件备案
19	证监会	证券交易所召开所外有关方面参加的非例行重要会议备案
20	中医药局	在国内举办中医药类一般性国际会议审批

来源：中国政府网 http://www.gov.cn/zwgk/2005-08/06/content_29614.htm。

表 5　国务院第四批和第五批取消的会展行政审批项目一览表

序号	部门	项目名称	时间和批次
1	文化部	冠以"中国""中华""全国"等字样的营业性演出活动审批	2007 年 10 月 9 日第四批
2	国家宗教局	在宗教活动场所内举办陈列展览审批	2010 年 7 月 4 日第五批

续表

序号	部门	项目名称	时间和批次
3	国家中医药局	医疗机构开展医疗气功活动审批和从事医疗气功人员资格认定	2010年7月4日第五批

来源：中国政府网第四批：http://www.gov.cn/zwgk/2007-10/12/content_775186.htm；第五批：http://www.gov.cn/zwgk/2010-07/09/content_1650088.htm。

第二阶段，国务院不再大批量取消和调整行政审批项，而是把工作做得更细，进行深度放管服改革，陆续发布了17个取消和调整行政审批项目的文件，一共取消和调整了1490项行政审批项目。其中，取消了736项行政审批项目；改变管理方式280项；取消资格许可145项；前置审批改后置审批31项；取消行政审批中介服务298项。在会展行政审批改革方面，一共取消了10项行政审批项目（见表6），调整了4项行政审批项目，分别是：在华外国人集体进行宗教活动临时地点审批，下放后实施机关为省级人民政府宗教事务管理部门；进入林业部门管理的国家级自然保护区从事教学实习、参观考察、拍摄影片、登山等活动审批，下放后实施机关为省级人民政府林业行政主管部门；境内举办四种经济技术展览会（①再次举办已获批准冠名"中国"等字样的；②国务院部门所属单位、中央企业或全国性行业协会主办的；③展期超过6个月的；④港澳台地区机构参与主办的）办展项目审批，取消审批后，改为备案。商务部要会同有关部门通过以下方式加强事中、事后监管：①对于取消审批的四种涉外经济技术展览会，建立备案制度，及时掌握举办情况并实施监管。②对于保留审批的两种涉外经济技术展览会（首次举办冠名"中国"等字样的、外国机构参与主办的），采取措施优化审批服务，强化引导规范，有效防范风险。③开展"双随机、一公开"监管，维护市场秩序。④加快构建展览业信用体系，强化信用监管，及时向社会公开展览会及相关企业机构的信用信息。这一阶段还对《国务院对确需保留的行政审批项目设定行政许可的决定》进行了第二次修订，其中，与会展相关的行政许可15项（见表7）。

表6　党的十八大以来国务院取消的会展行政审批项目一览表

序号	部门	项目名称	发文时间
1	新闻出版总署、广电总局	举办全国性出版物订货、展销活动审批	2013/5/15
2	新闻出版总署、广电总局	在境外展示、展销国内出版物审批	2013/5/15

续表

序号	部门	项目名称	发文时间
3	林业局	主办全国性经济林产品节(会)活动审批	2013/5/15
4	国家海洋局	在国家级海洋自然保护区的实验区内开展参观、旅游活动审批	2013/7/13
5	省级及计划单列市科技行政主管部门	境内国际科技会展审批	2015/10/11
6	省级商务主管部门	地方负责的境内对外经济技术展览会办展项目审批	2016/2/3
7	省级环境保护行政主管部门	在环保部门管理的地方级自然保护区的实验区内开展参观、旅游活动审批	2017/1/21
8	城市、县城乡规划主管部门及文物主管部门	在历史文化名城、名镇、名村保护范围内进行相关活动方案的审批	2017/1/21
9	省级渔业行政主管部门	在渔业行政主管部门管理的自然保护区的实验区开展参观、旅游活动审批	2017/1/21
10	省级海洋行政主管部门	在海洋行政主管部门管理的地方级自然保护区的实验区开展参观、旅游活动审批	2017/1/21

来源：中国政府网 http//www.gov.cn/(本研究整理).

表7 确需保留的行政许可项目涉会展活动事项一览表(第二次修订)

序号	项目名称	实施机关
1	举办国际教育展览审批	教育部、省级人民政府教育行政主管部门
2	大型群众文化体育活动安全许可	县级以上人民政府公安机关
3	焰火晚会烟花爆竹燃放许可	公安部、省级人民政府公安机关
4	举办全国性人才交流会审批	人事部
5	赴台湾地区举办招商、办展、参展活动审批	商务部
6	境内举办对外经济技术展览会办展项目审批	商务部
7	商品展销会登记	各级工商行政管理部门

续表

序号	项目名称	实施机关
8	举办攀登山峰活动审批	体育总局、省级人民政府体育行政主管部门
9	在华外国人集体进行临时宗教活动地点审批	国家宗教局、省级人民政府宗教事务管理部门
10	在境内举办华侨、外籍华人国际性联谊活动审批	国务院侨办
11	出国举办经济贸易展览会审批	中国贸促会（商务部会签）
12	营业性演出内容核准	县级以上人民政府文化行政主管部门
13	美术品进出口经营活动审批	文化部
14	举办健身气功活动及设立站点审批	县级以上人民政府体育行政主管部门
15	升放无人驾驶自由气球、系留气球单位资质认定	省、自治区、直辖市及地（市）气象主管机构

来源：中国政府网 http://www.gov.cn/zhengce/2020-12/27/content_5574585.htm。

（三）会展行政审批制度改革的特点

2015年4月19日，国务院发布了《国务院关于进一步促进展览业改革发展的若干意见》（国发〔2015〕15号）。该文件提出，加快简政放权，改革行政审批管理模式，按照属地化原则履行法定程序后，逐步将能够下放的对外经济技术展览会行政审批权限下放至举办地省级商务主管部门，并适时将审批制调整为备案制。运用互联网等现代信息技术，推行网上备案核准，提高行政许可效率和便利化水平。会展行政审批制度改革在国家的大力推动下，取得了显著成效，有以下四个特点。

一是会展活动行政审批项目削减幅度大，明显改善了审批事项过多的状况。国家取消、调整的会展审批项目一共78项，其中，取消59项，约占总量的75.6%。

二是取消的会展活动行政审批项目涉及部门多。已取消的59项会展审批项目中涉及国务院24个部门，其中文化部（现文化和旅游部）11项，文物局8项，广电总局6项，商务部、新闻出版总署和烟草专卖局各3项，国家中医药局、教育部、科技部、林业局、人民银行、体育总局、证监会各2项，国家工商管理局、国家经贸委、民政部、水利部、信息产业部（现工信部）、劳动保障部（现人社部）、国家宗教局等各1项（见表8）。

三是行政审批权力运行逐步规范，行政审批受理、实施、监督等环节建章立制,释放了市场活力,推动了会展产业的发展,取得了很大的成效。2000 年,我国举办经贸展览会的数量为 1684 场,展览会主要分布在北京、上海、广州、大连、深圳等经济发达城市,全国展览馆 150 个,展馆总面积约 110 万平方米。2019 年,我国全年举办的经济贸易展览总数达 11033 场,约为 2000 年的 7 倍,展览总面积达 14877.38 万平方米。中国已发展成为全球展览场馆最多及可供展览面积最大的国家。2019 年,全国投入运营的展览场馆达 292 座,室内可供展览总面积为 1197 万平方米。

四是会展互联网公共服务平台已成为新时代会展行政审批的重要创新形式。商务部建立了会展业公共服务平台企业端(http://ecomp.mofcom.gov.cn/loginCorp.html),设有展会管理板块。上海、广州、厦门、江西省等地方政府都建立了会展业公共服务平台,对会展行政审批事项实施网上一站式服务。

表 8　国务院取消会展行政审批项目数与部门一览表

部门	取消会展行政审批项目数	部门	取消会展行政审批项目数
文化部	11	证监会	2
文物局	8	工商行政管理局	1
广电总局	6	国家海洋局	1
商务部	3	国家经贸委	1
新闻出版总署	3	国家宗教局	1
烟草专卖局	3	劳动保障部	1
国家中医药局	2	旅游局	1
教育部	2	民政部	1
科技部	2	水利部	1
林业局	2	铁道部	1
人民银行	2	外经贸部	1
体育总局	2	信息产业部	1

来源:中国政府网 https://www.gov.cn/(本研究整理)。

二、会展活动行政审批制度改革存在的问题

虽然我国政府高度重视会展活动的行政审批,并对会展活动的行政审批制度进行了改革,但是在实践中仍存在一些问题,需要进一步深化改革,优化和完善会展营商环境。存在的问题主要有以下三点。

(一)对行政许可的申请时间规定不完善,增加了企业运营风险

会展活动是一种特殊的集体活动,需要提前较长一段时间进行策划与筹备,行政许可申请离活动举办时间越近,风险成本越高。因为一旦不能获得许可,那么长达数月的筹备工作就会付诸东流。因此,会展活动的行政许可对申请时间的规定必须合理,必须符合会展产业活动的规律。在目前保留的各种会展行政许可中,对申请时间均有规定,但是有的合理,有的不够合理。时间规定相对合理的行政许可有:全国性人才交流会审批,要求主办单位提前90日向人力资源市场司提出申请;赴台湾地区举办招商、办展、参展活动审批,要求申请单位在展览举办前6个月将申请材料经行政服务中心送商务部港澳台司;境内举办对外经济技术展览会,首次举办展会及首次申请举办冠名"中国"等字样的涉外经济技术展览会需至少提前6个月提交申请材料;非首次举办展会需至少提前3个月提交申请材料。提前3—6个月提出许可申请,有助于企业减少因不能获得许可带来的风险。有的会展行政许可项目规定的提交申请时间临近举办时间,或者没有规定申请时间,这样就容易给企业带来运营风险,成为权力寻租的隐患点和风险点。

《大型群众性活动安全管理条例》第十三条规定:承办者应当在活动举办日的20日前提出安全许可申请。举办国际教育展览审批依据的文件是《教育部办公厅关于加强在华举办国际教育展览管理工作的通知》,文件没有规定什么时间申请,各地对办理行政许可只规定了办理时限,如湖南省的规定是:自受理之日起20个工作日内以书面形式做出是否批准的决定,并送达申请人。条例只规定了活动举办日的20日前提出安全许可申请,并没有考虑到申请人提前多长时间申请可以最大限度降低办展风险,提前多长时间申请可以受理等实际操作的问题。一旦公安机关审批不通过,就意味着展会各方利益相关者既定的安排被打乱,已经投入的宣传、筹备成本付诸东流,甚至涉及赔偿,展会主办方将承担巨大的违约责任。办展单位为了确保会展活动如期顺利举办,就会想尽一切办法来获得审批,从而使安全许可成为公共权力寻租的风险点。

(二)行政许可附加条件包含"隐性"行政审批

申请人在提出行政许可申请时,如果审批部门要求申请人出具相关单位的批准件,就意味着这个行政许可项目是建立在其他部门行政审批的基础上的。也就是说,虽然国家取消了大部分的会展活动行政审批项目,但是可能还存在一些隐性的行政审批事项。《大型群众性活动安全管理条例》第十三条规定:"申请时应当提交下列材料:(一)承办者合法成立的证明以及安全责任人的身份证明;

(二)大型群众性活动方案及其说明,2个或者2个以上承办者共同承办大型群众性活动的,还应当提交联合承办的协议;(三)大型群众性活动安全工作方案;(四)活动场所管理者同意提供活动场所的证明。依照法律、行政法规的规定,有关主管部门对大型群众性活动的承办者有资质、资格要求的,还应当提交有关资质、资格证明。"在实践中,审批部门在申报材料中要求提供主管单位的批件,所以主办方又不得不去找主管单位盖章,有的主管部门回复已经不审批展会项目了,可是公安机关却需要这一份批件。有的主办方诉苦说:"取消展会的行政审批,倒不如没取消的时候方便。""隐性"行政审批是增加企业风险成本的重要因素。

(三)因疫情防控需要新增的未列入行政许可目录的行政审批带来的问题

新冠肺炎疫情暴发以来,全国人民众志成城,抗击疫情,共克时艰。为了防止疫情传播,从中央到地方,都实施了最严格的防控手段。疫情给会展活动带来了严重的打击。当疫情防控取得阶段性胜利之后,会展业如何复工复产,是否要增加新的行政审批环节,就成了一个大问题。为了确保会展业在做好疫情防控工作的前提下复工复产,2020年7月3日,国家发布了《商务部、公安部、卫生健康委关于展览活动新冠肺炎疫情常态化防控工作的指导意见》。文件要求举办地人民政府要落实属地责任,根据分区分级精准防控的原则,按照展览活动举办地疫情应急响应级别,分别由相应的省、市、区(县)级疫情防控领导机构对展览活动出具举办必要性、已落实防控举措及具备举办条件的评估意见。商务部、公安部、卫生健康委等有关部门要强化协同联动,加强信息沟通,根据各级疫情防控领导机构出具的意见和职责分工做好展览活动的审批、备案和监督管理工作,指导各有关单位制定防控措施并严格落实执行。这一文件在具体实践中形成了国家行政许可目录外的新增行政许可。三部门联合发文的审批如何运作,没有先例。有的地方要求疫情防控指挥部审批,但是疫情防控指挥部只是一个临时机构,没有公章。为了解决这个会展审批的瓶颈问题,有的地方请卫生行政部门代为审批,但是卫生行政部门认为这不是它的职责。新情况带来了新问题,新问题的解决还需要深入研究。

三、完善会展活动行政许可制度的对策

会展活动对公共服务的要求高,涉及公共部门多,如果行政许可程序复杂,容易对产业发展造成不良影响。会展活动行政许可制度是一个复杂的工程,会展活动的行政许可效率反映了政府的办事效率。根据目前会展活动行政审批制度改

革中存在的问题,笔者认为,可以从以下四个方面对会展活动行政许可制度进行完善。

一是优化会展行政许可的申请时间规定,降低企业的风险。从目前会展行政许可的申请时间规定来看,应改变"在活动举办日的20日前提出安全许可申请"的规定,最为合理的时间规定是首次办展提前6个月提交申请,非首次办展提前3个月提交申请。应当研究涉及会展活动的各项行政许可的申请时间规定,找到最合理的时间规定,这样才能真正让会展的主办方解放出来,专心投入会展筹备工作中。会展产业是服务于产业的产业,会展产业的风险和其所服务的产业的风险是联系在一起的,从制度上有效降低会展企业不必要的风险,才能更好地推动产业的发展。

二是加快现代信息技术的应用,普及网上一站式审批。虽然国务院在《关于进一步促进展览业改革发展的若干意见》中提到了"运用互联网等现代信息技术,推行网上备案核准,提高行政许可效率和便利化水平",但是在实践中,只有少数城市建设了会展公共信息服务平台。简化审批流程,建立便捷的"一站式"公共服务平台,对会展企业来说十分重要。网上"一站式"审批将大大提高公共服务效率,推动会展产业发展。

三是清理"隐性"行政审批项目,提高行政许可审批效率。行政许可的申请材料应根据国家"放管服"的总体要求进行适当简化,应尽量减少不必要的附加条件,清理"隐性"行政审批,为会展企业减负。

四是应对紧急公共卫生安全事件,可以设置临时行政许可。临时行政许可应明确审批部门、申请要求、申请流程和审批时限,提高行政审批效率。

总而言之,会展活动行政审批制度改革永远在路上,学术界、政府部门、企业、行业协会应当携起手来,共同研究并解决会展活动行政审批中的难题,共同推进会展事业的发展。

参考文献

[1] 中共中央关于全面深化改革若干重大问题的决定[M].北京:人民出版社,2013.
[2] 刘宏伟.中国会展经济报告(2002)[M].上海:东方出版中心,2003.
[3] 中国会展经济研究会会展统计工作专业委员会.2019年度中国展览数据统计报告[R].北京:中国会展经济研究会,2020.

突发公共卫生事件中会展风险不可抗力应对机制[①]

张万春[②]

摘　要：2020年新冠肺炎疫情使合同法中的不可抗力制度成为关注的热点。疫情给线下会展活动的举办带来了巨大的风险。通过对比2003年和2020年不同疫情下会展活动司法案例，以及参考两大法系（大陆法系和英美法系）对不可抗力制度的不同规定，可以看出不可抗力制度在法律适用中极具复杂性和灵活性，因此应当重视不可抗力约定条款和触发机制。会展活动中应重视不可抗力条款的应用，配合不可抗力法律规定，最大限度地化解疫情背景下的风险。

关键词：突发公共卫生事件；会展法；民法典；不可抗力

引　言

在新冠肺炎疫情影响下，全球会展业陷入停顿状态，会展业的实际损失难以估量。国际展览业协会（UFI）在2020年3月20日发布的数据显示，预计到2020年第二季度末，全球参展商损失的订单总额将达到1449亿美元，造成的全球经济总量损失将达到882亿美元，按地区划分如下：亚太地区236亿美元和37.8万个全职就业岗位；欧洲地区311亿美元和25.7万个全职就业岗位；北美地区316亿美元和32万个全职就业岗位。

新冠肺炎疫情是全球性疫情，这种突发公共卫生事件具有"人传人"的聚集性传染特征，而会展活动的最核心特征恰恰是聚集性或集合性，这就使得突发公共卫生事件与会展活动具有强烈的对抗性和不可调和性。基于疫情采取的应对措施，往往对会展活动产生根本性影响，而且，类似疫情等突发公共卫生事件还会进一步引发其他风险，形成"风险群"。

基于突发公共卫生事件与会展活动的特殊关系，以及突发公共卫生事件的地

[①] 基金项目：北京市社科基金研究基地重点项目"文化创意产业视角下北京会展业法治路径研究"（19JDFXA001）；北京政治文明建设研究基地开放课题《民法典》时代地方会展立法研究（21zzwm015）；北京学研究基地开放课题"北京文化软实力建设的会展撬动机制与法律规制"（SK60201902）。

[②] 张万春，北京联合大学应用文理学院法律系副教授、硕士生导师，中国会展经济研究会会展法律与政策工作委员会主任。

域扩展性、偶发性、极高的风险性与危害性,有必要审视突发公共卫生事件给会展活动带来的多维度风险。只有认识现有的及潜在的风险,才能从根本上应对和化解风险。

一、2020年新冠肺炎突发公共卫生事件:第一枚多米诺骨牌

2020年1月20日,新型冠状病毒肺炎纳入《传染病防治法》规定的乙类传染病,采取甲类传染病的预防和控制措施,并将其纳入《国境卫生检疫法》规定的检疫传染病管理。2020年1月底,新冠肺炎疫情被世界卫生组织突发事件委员会确认为"国际关注的突发公共卫生事件(PHEIC)",成为自2005年《国际卫生条例》实施后WHO(世界卫生组织)宣布的第6起国际关注的突发公共卫生事件。根据《国际卫生条例》的定义,国际关注的突发公共卫生事件是指通过疾病的国际传播,构成对其他国家的公共卫生风险,并可能需要采取协调一致的国际应对措施的不同寻常的事件。新冠肺炎疫情本身构成公共卫生风险。新冠肺炎使很多行业活动受到影响,会展业便是其中之一。

为什么说新冠疫情是第一枚多米诺骨牌?其一,突发公共卫生事件具有突发性和不可预测性。正因为其具有突发性,所以对风险防治的时间提出较高要求。其二,突发公共卫生事件具有扩散性。突发性传染病如果是新型传染病,其扩散性大小根本无法预测。因而在疫情初期,风险存在不确定性,应急措施容易产生疏漏,等疫情扩散开,则又可能失去控制,难以做扩散性评估。其三,突发公共卫生事件具有信息非对称性。信息隐蔽、信息不透明以及隐瞒不报加剧了突发公共卫生事件的扩散性和危险性。地方政府对疫情隐瞒不报,这不仅违反了疫情上报的规定,而且无形中使疫情扩散,同时也失去了将突发公共卫生事件以最小代价进行化解的宝贵时机,最终给国家、社会和人民带来无法估量的损失。其四,突发公共卫生事件的危害性和社会影响广泛。突发公共卫生事件直接威胁人民的生命健康安全,一旦传播、扩散成为全国性乃至全球性卫生事件,容易引发不良社会影响乃至国际影响。其五,突发公共卫生事件的救治和防控措施具有极端性。根据疫情状况和国情不同,不同国家或地区可能采取不同级别的响应措施,以防止疫情的扩散。这些措施可能是封闭城市、社区和单位,这就会使整个社会的生产和经济处于停滞状态,对国家、社会和个人都会带来难以估量的巨大影响。

二、以突发公共卫生事件为中心的"风险群"：纷纷倒下的多米诺骨牌

重大突发公共卫生事件引发的后果是衍生一系列其他风险。这些风险可能是人身安全风险、财产风险，甚至可能是政治风险。各种风险之间相互关联、相互依赖，如同多米诺骨牌。

会展活动风险的科学划分是风险治理的重要内容，不仅有利于风险识别、评估与分析，而且有利于风险的积极预防和合理应对。风险划分可以基于风险发生时间和风险内容，也可以基于风险发生后产生的危害和影响程度。本文中的风险划分，主要考虑风险的重要程度、危险程度以及发生的风险高低等因素。分类中产生的交叉性或综合性的风险按照其主要性质进行归类和分类管理，同时考虑风险预防措施的相同或类似度。

（一）人身安全风险

人身安全风险是所有风险中最大的风险，生命健康权高于一切，重大突发公共卫生事件对于人身安全的保护提出了最高要求。而会展活动的集合性，意味着会展活动的各个环节，包括人员流动、展品运输、酒店住宿、餐饮旅游等，都会产生极大的人身安全风险。因此，凡是影响到人身安全的会展活动，就可能暂停、延期或终止。如果坚持举办会展活动，不仅违反法律，还可能造成比较严重的后果，甚至构成刑事犯罪。这就需要主办方科学评估举办会展活动可能会造成的人身安全风险。

从会展活动的筹办到结束，人身安全风险贯穿会展活动的各个环节。在疫情背景下，会展活动会使疾病迅速传播，造成更大范围的人身安全风险。

（二）合同风险

国内的合同风险研究属法律风险范畴，是存在于企业合同领域或交易领域的法律风险，也称为合同法律风险，是法律风险的重要组成部分。本文的合同风险是指因突发公共卫生事件而使会展合同无法履行的风险。

会展活动是需要根据一系列会展合同进行安排的。会展活动在会展项目策划、运作以及实施的过程中，都离不开会展合同。

受此次新冠肺炎疫情的影响，会展活动的合同风险主要来自两个方面：其一，新冠肺炎极强的传染性，使很多会展活动难以或者无法举行。如果不是"人传人"的疫情，则无论病毒多强大都不能阻止会展活动的开展。其二，因应对新冠肺炎

疫情而采取的各种法治措施使会展活动无法举行。各国新冠肺炎疫情有轻有重，采取的措施也不尽相同。我国因为疫情较严重，采取的措施就比较坚决和彻底，很多会展活动直接取消，这使会展合同违约的风险再次提高。

（三）舆情风险

新冠肺炎期间涉及医疗风险，涉及众多会展节庆活动被取消的风险，涉及隐瞒疫情与举行节庆活动并行的风险等，这些风险并发容易引发舆情危机。人民网舆情数据中心对2018年600个全国网络舆情热点的初步统计显示，民生与公共安全领域的问题占据前20件热点舆情事件（话题）的一半，舆论关注度高。此次新冠肺炎与诸多会展活动恰恰属于民生与公共安全领域。

在国家治理和社会治理层面，新冠疫情的暴发导致一系列非常规防控措施的产生。疫情对社会和人民群众造成的恐慌，加上这种非常规措施，进一步加深了群众的恐慌。在发达的网络和自媒体背景下，政府官员的任何不作为或者错误作为都可能引发舆情风险。舆情是民意的映射，舆情表达了民众的某种呼声。突发公共卫生事件也一定会在会展活动领域产生舆情风险。各种节事、赛事、会议、展览等活动，在疫情期间被迫取消，这种强制性措施，会使公众产生恐慌。一旦群众的恐慌寻找到宣泄的突破口，则会产生巨大的舆论风险。自媒体时代，人人都是记者，在自媒体和网络环境下，舆情发酵速度很快，会在国内外造成巨大的不良影响。

（四）危机公关风险

危机公关风险是指出现危机时公关不力造成事件进一步恶化的风险，是与舆情风险密切关联的一种风险，也是突发公共卫生事件产生的一种次生风险。危机公关风险可能随着突发公共卫生事件的发生而发生，但更多是随着应对突发公共卫生事件的措施而产生的。会展活动因为疫情而出现公关危机时，如何面对和化解危机，转危为安或者把危机造成的损失或影响降到最低程度，这是危机公关努力的方向和目标。公关人员或组织，应当秉承真诚的态度，澄清真相并勇于承担责任，及时进行沟通和善后处理。

（五）财务与破产风险

新冠肺炎疫情对中国和世界经济都产生了不利影响，对基于聚集性而产生经济效益的会展业更是影响严重。取消或延期会展活动可能导致会展企业资金链的断裂，给会展企业财务造成巨大困难。这也是日本奥组委在疫情初期表示不排除取消举办东京奥运会的重要原因。突发卫生事件发生后,政府将采取严格管控措施,很多会展活动无法如期开展甚至取消,这会给有关会展企业带来无法估量的财产损失,很多中小微会展企业可能无法度过危机,因此亏损、停业,甚至破产。中小企业数量占我国企业总数的90%以上,提供80%以上的城镇就业岗位,创造60%以上的国内生产总值,为国家提供50%以上的税收,在促进经济增长、增加就业、维持社会和谐稳定等方面发挥着不可替代的作用。这种财务风险或破产风险不仅仅影响到企业本身,而且影响到居民就业和国计民生。

(六)其他伴生风险

除以上风险外,还存在诈骗风险、腐败风险、政治风险和其他叠加风险。就诈骗风险而言,亚马逊2019年首次在其年度报告的"风险因素"部分增加假冒商品内容。截至2020年3月11日,检察机关依法批准逮捕涉嫌诈骗犯罪嫌疑人917人,累计案件869件,起诉545人,起诉案件516件。批捕、起诉的人数均占所有涉疫情犯罪案件的40%左右,案件数占比更是超过50%。从腐败风险的产生看,越是在重大突发事件中,越是在艰难困苦之时,违反法律法规,出现贪污贿赂案件就越发引人注目。政治风险是指发生罢工、武力或武装冲突、骚乱、暴乱和战争等。2015米兰世博会开幕当天,意大利米兰市中心爆发反世博会的抗议冲突,后来冲突演变为骚乱。此次疫情中,国外一些国家也爆发了游行活动。另外,一些极端天气也会产生叠加风险。台风、暴风、地震、洪水、暴雪、暴雨等不可抗力几乎都会对展览活动的举办造成毁灭性打击。尽管极端天气风险概率较低,但是一旦发生,无异于雪上加霜,这种风险给救助带来极大困难。

三、会展活动风险中不可抗力的双重发生机制:基于2003年"非典"和2020年新冠肺炎疫情的判例

以上仅仅阐述了突发公共卫生事件引发的会展活动风险的一部分,会展活动本身的风险其实更加复杂和多样,例如场地管理风险、盗窃风险、交通拥堵风险等。基于突发公共卫生事件的会展活动风险主要涉及举办活动而产生的威胁人身安全和使疾病进一步传播的风险,以及因采取防控措施导致会展活动不能举办或延期举办的风险。不可抗力应对机制可依赖当事人之间的合同条款而存在,也可不依赖合同条款而仅依靠法律而存在。在会展活动筹划或举办过程中,一旦突发公共卫生事件构成不可抗力,无论是何种风险,若影响到会展活动的举办或当事人双方的合同履行,都可以寻求不可抗力机制以应对风险。

2020年的新冠肺炎疫情与2003年的"非典"疫情相似,都属突发公共卫生事

件。我国法院对会展企业在疫情下关于不可抗力的两则案例的判决非常具有典型性,其中涉及合同中不可抗力的触发机制。

(一)不认同疫情构成不可抗力:2003年"非典"期间达临公司诉华亿欣公司展览纠纷案

2002年7月,上海达临文化展览有限公司(简称达临公司)与北京华亿欣文化发展有限公司(简称华亿欣公司)签订合同,约定双方合作在全国各地举办展览活动,由达临公司负责内容策划、展品提供、展览布置等事宜,华亿欣公司负责办理展览的审批手续,并提供展览的场地、资金、宣传、管理及展品的运输。双方同时约定,展览所得利润五五分成。如遇不可抗力,此协议自动失效。合同签订后,双方先后在烟台、珠海和西安等地举办了文化展。合作期满后,华亿欣公司向达临公司交还了展品,但是双方当事人因合同履行发生纠纷。达临公司诉至北京海淀区人民法院,要求华亿欣公司赔偿展品租金及经济损失等各项费用,华亿欣公司则辩称2003年初全国爆发"非典"疫情,双方合同已因不可抗力自动失效。

海淀区法院认为双方合同合法有效。华亿欣公司未按合同约定支付展品租金,且在合同期满、双方未再续订协议的情况下未及时交还展品,应当补偿达临公司的损失。一审宣判后,华亿欣公司不服,以双方合作期间"非典"疫情流行,属遇到不可抗力,双方无法继续履行合同为由提出上诉。上诉法院认为,虽然双方在合同中约定遇有不可抗力时协议自动失效,但2003年4至6月间发生的"非典"疫情是可以预防、控制及消除的。双方的合作协议签订在2003年"非典"期间,并未因政府有关部门采取行政措施直接导致协议不能履行,亦不存在因疫情而根本不能履行合同的情况,并不属于合同法规定的不可抗力情形。因此,双方合作协议合法有效,华亿欣公司已构成违约,应承担赔偿损失等违约责任。终审判决驳回上诉,维持原判。

(二)认同疫情防控构成不可抗力:2003年"非典"期间啸箭公司诉歌城公司演出纠纷案

2003年3月10日,江苏省徐州市啸箭文化传播有限公司(简称啸箭公司)与北京歌城文化传播有限公司(简称歌城公司)签订演出合同。合同约定啸箭公司委托歌城公司代为邀请艺人参加2003年4月30日由啸箭公司在徐州体育场组织的商业演出活动,啸箭公司付给歌城公司艺人演出酬劳15.5万元。除不可抗拒的原因外(如政治环境、政府决策),若本次演出取消,啸箭公司必须按约演出费的100%付给歌城公司,歌城公司也无须退还已收款项。3月11日,啸箭公司即向歌城公司支付定金5万元。2003年4月23日,徐州市文化局(现徐州市文化广电和旅游局)向啸箭公司下达市非典办通知,要求暂停4月30日在徐州市体育场举办的演出活动。次日,啸箭公司传真歌城公司一份致歉书,说明因政府行为,且有无法抗拒的自然因素,啸箭公司只能取消这场演唱会,请歌城公司全额退还定金。该请求遭到歌城公司拒绝。啸箭公司将歌城公司诉至北京市宣武区人民法院。被告歌城公司辩称,啸箭公司支付的定金早已支付给相关艺人,而因啸箭公司取消演出的违约行为造成了自己与艺人之间的合约无法履行,公司为了完成与艺人的合约,还采取了降低利润、给艺人安排其他演出等方式,使公司蒙受了一定损失。因此,从公平原则出发,请求法院驳回啸箭公司的诉讼请求。宣武区人民法院认为,取消演出虽然是啸箭公司的决定,但该原因属于合同中约定的"不可抗拒的原因",故啸箭公司要求返还5万元定金的诉讼请求应予以支持。被告歌城公司不服,提起上诉。2004年3月19日,上诉法院认为,因不可抗拒的原因导致合同不能履行的,收取的定金应当返还。本案演出合同在履行过程中,因为徐州市文化局的通知,啸箭公司取消演出活动。而取消演出的原因属于合同中规定的"不可抗拒的原因",因此,歌城公司理应依据约定返还其已收取的5万元定金。最终上诉法院做出终审判决:驳回上诉,维持原判。

(三)2020年广交会展位委托代理调剂展位案

原告广州皮尔路易皮具有限公司与被告广州同哲展览有限公司于2019年11月20日签订了《委托代理调剂展位协议书》,约定原告委托被告申请调剂2020年春交会箱包展区展位,于2019年11月20日前向被告预付展位定金31500元,并在2020年3月15日前递交参展人员办证资料后三个工作日内补交展位定金21000元,2020年4月30日布完展取证时将余款54300元付清。若原告自动取消参加此次交易会,原告不得向被告要求退还所付展位定金。合同约定被告为原告定下的展位若因不可抗拒的原因导致展位落空或展位变动,须与原告商讨调配满意展位,如原告不同意,被告需全部退还原告已付的款额。协议签订后,原告向被告转账支付31500元。2020年4月7日,国务院常务会议决定第127届广交会于6月中下旬在网上举办。广交会从线下转为线上举办后,官方免收任何费用。2020年4月13日,原告通过微信向被告发出《解除委托通知》,提出解除委托合同关系,并要求被告返还预付定金31500元。被告答应降低30%—50%的展位费用,不同意退全款。原告向广州市天河区人民法院提起诉讼,要求确认合同解除、被告退还展位费用31500元并支付律师费。被告辩称作为中介方,费用可以退还,但不能退全款,且不支付律师费。

法院认为，根据《最高人民法院关于依法妥善审理涉新冠肺炎疫情民事案件若干问题的指导意见（二）》第5条第2款规定："为展览、会议、庙会等特定目的而预订的临时场地租赁合同，疫情或者疫情防控措施导致该活动取消，承租人请求解除租赁合同，返还预付款或者定金的，人民法院应予支持。"双方在合同中约定，被告为原告定下的摊位若因不可抗拒的原因致使展位落空或展位变动，须与原告商讨调配满意展位，如原告不同意，被告须全部退还原告已付的费用。广交会改为网上举办，原告不同意在网上参展，并于2020年4月13日向被告提出解除合同，要求返还预付款，被告不予退还原告预付款显然有失公平。因此，法院支持并确认双方合同解除，支持被告退还31500元展位费，但支付律师费用因缺乏依据不予支持。

（四）最高院及法工委态度

最高人民法院在2003年和2020年这两次疫情中对涉疫情案件的判决态度一直比较明确，2020年新冠肺炎疫情背景下的司法解释更加明确。2003年6月11日颁布的《最高人民法院关于在防治传染性非典型肺炎期间依法做好人民法院相关审判、执行工作的通知》（法〔2003〕72号）认为，由于"非典"疫情，在审理按原合同履行对一方当事人的权益有重大影响的合同纠纷案件中，可以根据具体情况，适用公平原则处理。因政府及有关部门为防治"非典"疫情而采取行政措施直接导致合同不能履行，或者由于"非典"疫情的影响致使合同当事人根本不能履行合同而引起的纠纷，按照《合同法》（《民法典颁布后废除》）第117条和第118条的规定妥善处理。根据2020年4月16日发布的《最高人民法院关于依法妥善审理涉新冠肺炎疫情民事案件若干问题的指导意见（一）》，对于受疫情或者疫情防控措施直接影响而产生的民事纠纷，符合不可抗力法定要件的，适用《民法总则》（《民法典》颁布后废除）第180条、《合同法》第117条和第118条等规定妥善处理；其他法律、行政法规另有规定的，依照其规定。对受疫情或者疫情防控措施直接影响而产生的合同纠纷案件，除当事人另有约定外，在适用法律时，应当综合考量疫情对不同地区、不同行业、不同案件的影响，准确把握疫情或者疫情防控措施与合同不能履行之间的因果关系，按照以下规则处理：①疫情或者疫情防控措施直接导致合同不能履行的，依法适用不可抗力的规定，根据疫情或者疫情防控措施的影响程度部分或者全部免除责任。②疫情或者疫情防控措施仅导致合同履行困难的，当事人可以重新协商。因疫情或者疫情防控措施导致合同目的不能实现，当事人请求解除合同的，人民法院应予以支持。

《最高人民法院关于依法妥善审理涉新冠肺炎疫情民事案件若干问题的指导

意见(二)》(法发〔2020〕17号)除了对涉新冠肺炎疫情合同进行一般规定外,第5条第2款还专门对会展合同作出规定:"为展览、会议、庙会等特定目的而预订的临时场地租赁合同,疫情或者疫情防控措施导致该活动取消,承租人请求解除租赁合同,返还预付款或者定金的,人民法院应予支持。"

2020年2月,全国人大常委会法工委就疫情防控有关法律问题指出,"当前我国发生了新型冠状病毒肺炎疫情这一突发公共卫生事件。为了保护公众健康,政府也采取了相应疫情防控措施。对于因此不能履行合同的当事人来说,属于不能预见、不能避免且不能克服的不可抗力。根据合同法的相关规定,因不可抗力不能履行合同的,根据不可抗力的影响,部分或者全部免除责任,但法律另有规定的除外"。

四、不可抗力适用机制

根据上述疫情背景下的典型案例,可以看出,不可抗力的适用范围即使在法学界也存在并不完全相同的理解,而国内和国际对于这一条款的理解也并不一致。

我国法律规定中对"不可抗力"的认定主要来自《民法总则》与《合同法》。《民法典》沿袭了以前《民法总则》的规定。《民法典》第180条规定共分为两款,第1款规定了不可抗力的法律后果:"因不可抗力不能履行民事义务的,不承担民事责任。法律另有规定的,依照其规定。"第2款规定了不可抗力的概念:"不可抗力是不能预见、不能避免且不能克服的客观情况。"相比之下,以前《合同法》的规定更加详细,不仅规定了不可抗力的定义,而且明确规定了不可抗力的法律效果以及适用程序。

(一)不可抗力的"三不"界定与认定

我国法律对不可抗力的界定历来奉行"三不"标准:不能预见、不能避免和不能克服。这三个标准必须全部满足才能称为不可抗力,条件比较严格。但是在审判实践中,对于"三不"标准的认定又是具体的。就"不能预见"而言,有观点认为可以以一般人的标准判断事件是否发生、何时何地发生或者具体发生情况。但是,这种观点是不正确的。很多具体案例必须进行专业认定才能判断是否预见,而且,并非不能预见事情是否发生,只是不能预见事情发生的程度。在中机通用进出口公司诉天津港第二港埠有限公司港口作业合同纠纷案中,对于"不能预见"的标准值得参考。天津市高级人民法院审理后认为,风暴来临后,虽然国家海洋预报台发出预报,但在目前的科学技术条件下,从发出预报至货物受损时,港埠公司已经无能力保障应当由自己保管的全部货物的安全。因此货损仍然是由不能避免的不可抗力造成的。

在 Fédération Royale Marocaine de Football（FRMF）v. Confédération Africaine de Football（CAN）（TAS 2015/A/3920）案中,非洲国家杯足球赛举办期间适逢埃博拉病毒在西非地区爆发,主办方摩洛哥足协以此为由主张推迟举办球赛。国际体育仲裁院仲裁庭认为,埃博拉病毒造成的健康风险并不能构成不可抗力,因为这一风险并不足以使举办比赛变得不可能,只是使其更加困难,故不支持摩洛哥足协的免责主张。通常认为,埃博拉病毒主要通过接触传播,而非通过空气传播。就传染性而言,新冠肺炎疫情比埃博拉病毒更具有威胁性。所以,这是新冠肺炎疫情背景下包括大型赛事在内的大型会展活动无法举办的原因。埃博拉病毒到目前为止也属于不能预见、不能避免和不能克服的事件,但是埃博拉疫情并不属于任何会展活动不能举办的不可抗力事件。

2020年新冠肺炎是突然发生并给社会公众健康造成严重损害的重大传染病疫情,属突发公共卫生事件。该事件不仅是当事人无法预见的,而且具有广博医学知识的医学专家也无法预见。对该疫情背景下签订合同的当事人而言,他们无法左右该事件,因而也无法避免该事件的发生,同时,他们也无法克服这种重大传染性疫情的影响。所以,这是人类无法预见、不可避免、不能克服的客观存在,其性质属于法律上规定的不可抗力事件。如果仅从最终结果上认为该传染病疫情是可以预防、控制及消除的,而否定事件本身的不可抗力性,这是一种过于严苛和死板的误解,这种理解也有悖于合同法的立法目的。如果照此理解,则台风、洪水、水灾及旱灾等,都不应属于不可抗力。当然,发生不可抗力情形,不一定影响合同的履行,也不一定导致合同解除。

应该说,"三不"标准在审判实践中越来越呈现出丰富性和多样性。不可抗力机制界定严格性与结果相对宽松性之间需要一种平衡。

（二）不可抗力适用的法定机制与约定机制

不可抗力制度源于大陆法系,其设立是传统"有约必守"原则的例外,不仅可以保护无过错当事人的合法权益,而且可以让当事人合理分担风险。既然不可抗力本质上是一种例外机制,因而在适用上设置严格的条件则很有必要。不可抗力法定适用的"三不"标准本身也符合这一例外机制设立的宗旨。除了法定适用机制外,不可抗力的约定机制更为重要。从国际范围看,基于各个国家对不可抗力在法律规定上的差异性,在合同中写入不可抗力条款的约定机制比法定机制更为重要。上述突发公共卫生事件案例的合同中都订立了不可抗力条款,也都发生了不可抗力情形与纠纷。不可抗力条款属于合同免责条款,当事人必须高度重视该条款的拟定,详细规定构成不可抗力的自然灾害和社会事件的具体情形,事件发生后通知时间、方式和内容等。需要详细拟定不可抗力条款的理由在于:①法定触发机制远不如约定机制更加完善;②哪些事项构成不可抗力依赖于当事人双方约定,否则有些事项处于模棱两可的状态;③要将构成不可抗力的事项当作风险加以预测和衡量,而不仅仅是抄写列举有关事项;④要结合具体的案件来列举特殊的风险事项。

不可抗力制度源于大陆法系,在《法国民法典》和《德国民法典》中有明确规定,在当事人不能履行时得以免除责任。即使是在大陆法系内部,法国与德国之间在制度设计上也不同,而英美法系更是如此。英美法系中并不存在不可抗力制度,与此相类似的制度是"合同落空"制度。合同落空制度分为三类:客观不能或现实不能(Physical Impossibility)、目的落空(或合同受挫,Frustration of Purpose)和商业不能(Commercial Impracticability)。客观不能是合同标的物灭失导致合同履行在客观上或现实中成为不可能。本质上合同在有关事件发生后仍可履行,并非现实不能履行,但若履行会使当事人订立合同时的目的落空。目的落空理论在英美法系国家极为流行,并且在国际公约中也得到承认。商业不能是指合同仍然可以履行,履行的目的也不会落空,但是由于事件发生导致履行在商业上没有意义,或者使履行双方当事人义务显失公平。在英美法系内部,英国和美国在具体制度设计上也不完全相同。根据《联合国国际货物销售合同公约》第79条,当事人对不履行义务不负责任的情形是:如果当事人能证明此种不履行义务,是由于某种非当事人所能控制的障碍,而且对于这种障碍,没有理由预期当事人在订立合同时能考虑到,或能避免和克服。无论是从条文表述上,还是概念设计上,公约都避免了大陆法系或英美法系模式,而是采取了折中模式,以便具有更广泛的接受度。

东京奥运会退费问题再次显示了不可抗力适用问题的复杂性。奥运会在历史上曾经三次因为战争而取消,而此次2020年东京奥运会也因为新冠肺炎疫情而延期至2021年。2020年东京奥运会退赛不退费源自《报名条约》。《报名条约》第22条第1款明确规定了"降雪、大雨、强风、雷暴、龙卷风、赛道周围建筑物起火"等原因造成的赛道无法通行会退还报名费;因为地震及全国瞬时警报系统(战争及恐袭除外)导致比赛中止也会退还报名费。其他情形造成比赛取消的情况则不予退费。据此,疫情不属于条约中规定的任意一种退费的情况,因此组委会做出了报名费不予退还的决定。

基于不可抗力在全球的普遍确认性以及各国法律规定的不同,在涉外合同或国际合同中,不可抗力情形的约定必须明确具体。即使有明确法律规定,不可抗力也不是放之四海而皆准的免责制度。即使是同样的事件,也不一定能够符合所有合同规定的不可抗力情形。

结语与补充

从不可抗力产生的根源以及法律后果看,发生构成不可抗力的意外事件或情形后,一旦造成损失则必须根据不可抗力法律规定和合同条款,确定是否应当承担责任和分配风险造成的损失。本着"与其使之不履行,不如使之履行"的原则,当不可抗力情形发生后,当事人可以按照2020年4月16日《最高人民法院关于依法妥善审理涉新冠肺炎疫情民事案件若干问题的指导意见(一)》中的"继续履行"和"重新协商"精神,最大限度地把当事人之间的合同履行完。这是"有约必守"原则的展现,也是诚实信用原则的一种延伸。会展活动的聚集性特征在突发公共卫生事件背景下使会展活动隐含巨大的风险。在会展活动中,因为突发公共卫生事件而产生的"风险群"需要合同当事人充分运用不可抗力机制。但是,这不是唯一的选择,积极利用保险法签订保险合同,分散风险,坚持"有约必守"和诚实信用原则,继续合作,履行合同,这些都是疫情背景下不可抗力机制的补充或防备机制。

参考文献

[1] 张万春.中世纪商人法中的会展法律制度及其借鉴[J].法商研究,2012(1).
[2] 任明.企业合同风险管理研究[D].天津:天津大学,2007.
[3] 王轶.新冠肺炎疫情、不可抗力与情势变更[J].法学,2020(3).
[4] 龚柏华.国际商事合同不可抗力条款对"新冠肺炎"疫情适用法律分析[J].上海对外经贸大学学报,2020(2).

疫情新常态下会展、盛事、节庆与文化观光政策治理

林冠文

会议、展览、节庆、演出、婚庆、赛事、公关活动、奖励旅游等,本质上都需要经过规划,使其具有每一次都独特的现场体验性,使得这些盛会具有相同或类似的管理营运流程,能成为一个盛会活动(Events)产业。参加现场的节庆活动或是盛会,是为了追求与人面对面的体验和现场交流,不论在有形内容还是无形内容上,对人或是对物或事,甚或是一段地方、社会的故事或历史。而且,都需要实体地走访一个地方、进入一个经过规划、策展或设计过的场域。而政府扶植此产业发展的政策治理,先需要了解此产业对社会的功能为何,才能比较好地协助该产业兴盛。

众所周知,会展产业是会议、展览、奖励旅游、节事等的简称。大型盛会活动则是指能够让人将主办城市、地区,在记忆中,与该活动完全、紧密地联想为一体的盛会,是地方文化软实力最好的展现舞台。在中国,以盛会活动来称呼这个产业,还在慢慢取得社会共识、认同,但在国际上,已经发展了30多年。中文语意脉络下的会展产业(M.I.C.E. Industry),是一个复杂的服务产业,成为高端服务业的原因在于,它所需要支持的内外在条件,是一个需要会国际谈判、有人文底蕴的,单有自然环境条件还不够的、复杂的综合体生产性服务业。它不是只有盖场馆,训练服务态度良好的专业人员,就能取得产业发展优势的产业。

盛会活动产业后进的国家,经常由展览子产业开始萌芽,这点尤其在亚洲以出口为导向的经济体表现得特别明显。以商品交易为主的商业展览与交易会,在政府对特定产业扶植的国际贸易政策上,比较容易被政治家及企业家们所理解。以经济产值外溢效益的学术推论,来论证展览与交易会产业扶植政策的逻辑正确性,短期内较容易评估成效。然而,先进国家,尤其从制造业转向服务业赚取国际贸易顺差的经济体,以服务贸易的观点,来对待以面对面、体验经济为主体的盛会活动产业时,着重考虑的效益,除了展览与交易会创造的出口贸易产值外,更重视对主办地与该商务旅游目的地的长期经济影响与人文发展关键推力。

展览与交易会及广义的盛会活动,通常跟城市或旅游目的地(Destinations)绑定在一起。旅游目的地可以小到是一个城镇,比如,我们经常论及的小镇旅游,或者是地方创生策略。于是商务盛会与文化盛会在活动的内容上,虽然重点有所差

第四篇　中国会展经济研究会会展法律与政策工作委员会成立重要演讲

在全球新冠肺炎疫情肆虐和中国抗击疫情取得阶段性胜利的关键时刻，在中国《民法典》颁布和习近平总书记发表《充分认识颁布实施民法典重大意义，依法更好保障人民合法权益》重要讲话之际，第一届中国会展法治论坛暨中国会展经济研究会会展法律与政策工作委员会成立大会于 2020 年 7 月 29 日下午在广东东莞线下＋线上胜利召开。英国、比利时和中国等国内外领导和专家"云"聚论坛。现撷取两篇领导演讲、两篇国外专家发言，是为纪念。

张宝秀院长在"第一届中国会展法治论坛暨中国会展经济研究会会展法律与政策工作委员会成立大会"上的致辞

张宝秀[①]

尊敬的各位领导,各位国内外专家,各位线上和线下的朋友们:

大家下午好!

在全国上下经过艰苦卓绝的努力,疫情防控阻击战取得阶段性胜利的特殊时期,我们迎来了"第一届中国会展法治论坛暨中国会展经济研究会会展法律与政策工作委员会成立大会"。在此,我谨代表活动承办单位之一北京联合大学应用文理学院祝贺首届中国会展法治论坛召开并预祝会议取得圆满成功,对会展法律与政策工作委员会的成立表示热烈的祝贺,向莅临会议指导的各位领导、专家以及嘉宾们致以最诚挚的欢迎和由衷的感谢!

会展业在复工复产、"六稳""六保"中发挥着重要的先锋作用,在传递中国声音、展示中国方案和塑造中国形象等方面肩负着重要的使命和责任。在由会展大国向会展强国迈进的过程中,法治的作用不可忽视。会展业的持续健康发展离不开会展法治的支持和引导。突如其来的新冠病毒给全球会展业按下了"暂停键"。疫情之下,本次论坛借助网络之力,将各位领导、各位专家汇聚于此,就会展业的法治化问题做专业性探讨,以期在法治层面助推我国会展业更上一层楼。我相信,通过在场行业专家及特邀嘉宾从不同角度分享经验和思想,并就会展行业的法治化发展问题进行深入交流,势必将为会展行业的规范化发展凝聚智慧,共建力量,助力中国会展行业法治化水平的提升。

本次论坛将见证中国会展经济研究会会展法律与政策工作委员会的诞生。法律与政策工作委员会将为我国会展业以及会展法治的发展提供支撑,为中国会展业健康、有序发展提供针对性的立法建议和应对措施,促进中国会展法治化进程。更为可喜的是,《中国会展法治研究报告》即将启动编辑。这无疑将是中国会展法治发展的重要成果,同时也是会展业走向成熟的客观呈现。它有助于宏观梳理年度法治实施进展,展示会展法治的全局概况。我院也将继续协助推进研究会各项工作,鼎力支持《中国会展法治研究报告》的编辑与出版,并将依托相关学科、专业和研究机构全力推动会展法治科研的进步与发展。

---

① 张宝秀,北京联合大学应用文理学院党委副书记、院长、教授,北京学研究基地主任。

第四篇　中国会展经济研究会会展法律与政策工作委员会成立重要演讲

今天出席会议的领导、专家和各位同行们,既有老朋友,也有新朋友。在这里我简要介绍一下我们的学校和学院。北京联合大学是北京市政府主办的一所综合性大学,前身是1978年建立的北京大学分校、清华大学分校等30多所大学分校,1985年经教育部批准组建北京联合大学。建校40多年来培养了20多万名毕业生,其中绝大部分在北京工作。目前学校设有14个学院,学科专业涵盖十个学科门类,在校生1.8万多名,专任教师1600余人。应用文理学院是北京联合大学规模较大的一所学院,前身是北京大学分校和中国人民大学二分校,我们以"崇尚学术、关怀人文、立德树人、培育英才"为使命。现有学生本科生2000多人、研究生近200人,在职教职工250多人,其中专任教师160多人,设有法律系、历史文博系、新闻与传播系、档案系、城市科学系5个系和1个基础教学部,建设了应用文科综合实验教学示范中心、文化遗产传承应用虚拟仿真2个国家级实验教学中心,以及1个北京市级社科研究基地——北京学研究基地。其中,法律系拥有法学本科专业和法律专业硕士学科点。我校是我国较早开展会展本科教育与会展研究机构的高校之一。自2004年成立研究所进行专门会展研究,至今已历十六载,会展法律与政策委员会的成立也是我校会展法治研究与中国会展经济研究工作密切结合的重要体现。在此,对中国会展经济研究会的各位领导和同仁给予我们的信任和支持表示衷心的感谢!

今天,多位专家、学者莅临线上中国会展法治论坛,这是对我们工作的大力支持。我们也热切希望各位不吝赐教,多提宝贵意见和建议。我们将与中国会展经济研究会携手共进,加强对会展法治的跟踪、研究与应用,为中国会展业的健康、有序发展添砖加瓦,为中国会展法治化进程保驾护航。

最后,向各位领导和朋友多年来对法学学科专业和我们学校、学院的关心、指导、支持、帮助表示衷心的感谢!预祝本次论坛圆满成功!祝各位参会愉快!祝大家身体健康!

谢谢!

2020年7月29日

袁再青会长在"第一届中国会展法治论坛暨中国会展经济研究会会展法律与政策工作委员会成立大会"上的致辞

袁再青[①]

尊敬的各位同志,各位国内外专家、学者、会展业的朋友们,大家下午好!

我们利用这次中国会展经济研究会在广东东莞召开年会的时机,于今天下午举办线上和线下融合进行的第一届中国会展法治论坛以及会展法律与政策专业委员会的成立仪式。

我国会展法治建设相比起来起步比较晚,在整个会展业的各项建设当中还是一个薄弱环节。最近中国颁布了《民法典》,国家提出要大力加强依法治理的建设进程。中国的会展法律现在还处在探索阶段,像上海、西安、成都等一些城市在会展的法律法规条例建设上进行了一些探索。到目前为止,全国性的会展法律还在制定,整个会展法治还处在探索阶段。中国已经是一个会展大国,2019年在专业展馆进行的展览达到11000多场,整个展览面积可达1.48亿平方米的规模,这样的体量正需要相应的法律法规,包括政策的支持和促进。正是因为有此背景,研究会经过研究,特别是在很多像张万春老师这样的专家学者的共同推动之下,我们成立会展法律与政策专业委员会,同时在成立之际召开首届中国会展法治论坛。我想这是中国会展业从大国向强国迈进,在加强依法治理方面的重要进展。

委员会的成立以及本次首届论坛,很多人付出了艰辛的努力,正是因为有张万春老师等专家学者以及周宇宁、中国经济网提供的支持,我们才能够举办这样一个在会展经济研究会的活动当中可谓是别开生面的国际国内联动、线上线下融合的活动。

本次论坛的主题是"后疫情时代会展业创新、责任与多元共治——中国会展法治在行动",邀请到了来自国内外会展领域的专家和学者与我们共同进行学习和交流,希望借此推广会展法治理念,壮大会展经济研究会在法治建设方面的后劲和影响力,借此培养一批合格的、热忱的专业后备人才。通过这次专业委员会的成立、首届论坛的召开,我们也对会展法治建设抱有很大的期待,我们希望专业委员会成立以后,能够积极地发挥专业的力量,能够团结和聚拢国内外会展法治方面的专家、学者和各方面的人才,壮大会展业人才的队伍。希望委员会能够在

---

① 袁再青,中国会展经济研究会会长,曾任商务部研究院党委书记兼副院长。

第四篇 中国会展经济研究会会展法律与政策工作委员会成立重要演讲

总结科技、法治社会建设的经验基础上,从实际出发,研判会展业法治建设的形势、发展趋势,包括定期地提供中国会展法治建设的报告;能够通过会展业的活动推动中国国家层面的会展法治建设的进程;能够深入地探讨各个会展城市、地区和各个不同的行业,加强会展法治建设的路径,发挥智库作用,推动整个会展业的法治进程。

最后,祝本次论坛圆满成功,也感谢各位对会展法治专业委员会的支持和参与,感谢对首届论坛付出的努力,愿我们从今天开始在中国会展法治建设上迈出新的步伐,谢谢!

2020年7月29日

We Are in This Together: What the COVID-19 Pandemic Has Taught the World about Solidarity—A European Perspective
命运与共：欧盟视角下新冠疫情给世界团结带来的启示

Alicia Danielsson[①]　陈贝[②]

  Good afternoon. First of all, let me extend my thanks to the organisers of this conference for giving me the opportunity to present here for you today. This is a great honour for me. I am also very aware that this opportunity has probably only come about due to the COVID-19 pandemic, which, despite having erected many boundaries, has also brought people all over the world closer together digitally. The technology to do this has been around for a while now, but the global pandemic has given us all that much needed push to leave our comfort zones and take that step into a better-connected digital world.

  下午好。首先,感谢会议组织者今天给我机会跟大家分享,我感到非常荣幸。我非常清楚,尽管新冠疫情带来诸多阻隔,但也通过数字技术拉近了世界各地人民的距离。这些数字技术虽已存在一段时间,但全球疫情给我们足够的动力,让我们离开舒适区,走进一个联系更紧密的数字世界。

  I would also like to quickly take this opportunity to introduce myself. My name is Alicia Danielsson. I am a lecturer in law and the programme leader for the postgraduate law courses at the University of Bolton in the northwest of England. Over the years we have had a number of Chinese students come to study on our Masters of Law programmes and I am delighted to say that I have

---

  ① Alicia Danielsson, lecturer in law, postgraduate programme leader, Coronial Law lead in the School of Law at the University of Bolton; Research interests: Comparative Law, European Union Law, Human Rights Law, International Business and Trade Law, International Criminal Justice and Legal Philosophy.

  ② 本演讲的中文译文由陈贝提供。陈贝(Ben Chen),毕业于英国利兹大学,英国博尔顿大学国际办主任。

第四篇　中国会展经济研究会会展法律与政策工作委员会成立重要演讲

only had the best experiences with our Chinese students.

同时我想借机简单介绍我自己。我叫 Alicia Danielsson,是英格兰西北部博尔顿大学法学讲师和法律硕士课程的项目负责人。多年来,很多中国留学生来读法律硕士(LLM),我可以非常高兴地说,我和他们之间有过美好的经历。

Not only have they all been extremely polite students who work very hard, but they each have come with unique philosophical world views that have broadened my horizon, and I feel, as an academic, that our international students contribute to the expansion of my own knowledge and I hope to see many more Chinese students applying for postgraduate degrees on my programmes in the future.

他们不仅非常礼貌,而且学习认真,有非常独特的世界观,拓宽了我的视野。作为一个学术工作者,我觉得我们的国际学生对拓展我们的知识做出了贡献。我希望未来更多中国留学生申请攻读我们的法律硕士。

So, the title of my presentation today is "We are in this together: What the COVID-19 pandemic has taught the world about solidarity—A European Perspective."

因此,我今天的演讲题目是"命运与共:欧盟视角下新冠疫情给世界团结带来的启示"。

In particular, I will explore some of the underpinning historical events that have shaped the European Union and still contribute to the common values of the European Union today. Hereafter, it will be demonstrated how these have formed a reoccurring theme throughout the pandemic and the European Strategies that have been put in place. Finally, I will look at the importance of these values, in particular, as the title suggests, the element of solidarity for global economic recovery.

我将特别探讨一些形成欧盟且继续影响今日欧盟共同价值观的基础历史事件。随后,我会阐释这些价值观是如何在新冠疫情期间成为一个反复出现的主题和成为欧盟策略的。最后我会审视这些价值观的重要性,尤其是团结对于全球经济复苏的意义。

For millennia, wars have waged across Europe, some over territory, some for religion, some for retribution, but one of the key things any war has in common is the human suffering that goes alongside it. With increasing progress, however, wars did not decrease, they merely grew, as the tools for causing suffering became more efficient and easier to use. This trend continued, as I assume the majority here will be aware of, into the first half of the twentieth century.

几千年来,欧洲战争不断,有些是为了领土,有些是为了宗教,有些是为了报复,但所有的这些战争都有一个共同点:战争带来的人类苦难。然而,社会在持续进步,战争并未减少,反而增加了,因为战争武器变得更加高效和容易使用。我想在座的大多数人都知道,这种趋势一直持续到20世纪上半叶。

The first half of the twentieth century saw more suffering and more destruction at the hands of human beings than had ever been witnessed before. The First World War saw the development of large-scale use of a traditional weapon of mass destruction, in particular the deployment of chemical weapons. However, the development, production, and deployment of war gases like chlorine and mustard allowed for a new and complex public health threat that endangered not only soldiers, which was the main target, but also many civilians on the battlefields.

20世纪上半叶,我们目睹了前无古人的、更具灾难性和毁灭性的战争被发起。第一次世界大战见证了大规模使用的传统杀伤性武器的发展,尤其是生化武器。然而诸如氯气与芥子气的研发、生产和使用,造成了一种全新的、复杂的公共健康威胁,不仅危及被作为主要攻击对象的士兵,也包括战场上的许多平民。

The Second World War, took the suffering caused a step further—we look at the holocaust, as an example of severe human rights violations, as well as the use of the atomic bomb, which changed the global power dynamics across the world forever. We now know that conflict between nations can not only result in horrific human suffering, but could even threaten the planet.

第二次世界大战将民众的苦难升级。我们见证了作为严重侵犯人权例证的大屠杀,以及原子弹的使用,它们永久改变了全球势力格局。我们现在明白国家冲突不仅会导致可怕的人类灾难,还可能威胁这个星球。

Following the Second World War, the key objective for Europe was clear—this kind of suffering was to be prevented in the future at all costs.

二战以后,欧洲的主要目标明确——今后要不惜一切代价阻止这类灾难发生。

In his famous speech entitled "United States of Europe" in 1946, Winston Churchill stated that "If Europe were once united in the sharing of its common

第四篇　中国会展经济研究会会展法律与政策工作委员会成立重要演讲

inheritance there would be no limit to the happiness, prosperity and glory which its 300 million or 400 million people would enjoy."

温斯顿·丘吉尔在1946年发表的著名演讲《欧洲合众国》中提到,如果欧洲联合起来,共享遗产,那它的3亿—4亿人民将迎来无限的幸福、繁荣与荣耀。

And it was this underpinning idea upon which the European Union has been built. It was clear that the post-war economic problems of the European continent demanded a significant element of close cooperation. However, what was lacking at the time was a form of multilateral cooperation amongst nation states. Accordingly, this situation was addressed by putting in place a viable and multilateral economic interdependency.

欧盟正是在这个基础上建立起来的。显然,战后欧洲大陆的经济问题需要大量的密切合作。然而当时还缺乏一个多国合作机制。因此,这种情况便催生建立了一个可行的多国经济相互依存体系。

This involved the setting up of the European Coal and Steel Community in 1951, which united European countries economically and politically in order to secure lasting peace. Hereafter, in 1957, the Treaty of Rome created the European Economic Community (EEC), or "Common Market". Again, we recall the important word interdependency.

欧洲煤钢共同体于1951年建立,其在经济和政治上团结欧洲各国以确保永久和平。1957年,《罗马条约》(Treaty of Rome)建立起欧洲经济共同体,或者说共同市场。我们再一次看到了相互依存这个概念的重要性。

According to the online Cambridge Dictionary, interdependency means dependence on each other. Hence, if one part of an interdependent relationship fails, then the others are likely to follow. In this sense, the idea was to make the countries within Europe economically interdependent, so that if any country were to fail, say for example through conflict, such as wars, all the other interdependent nations would suffer significant financial losses as well, thereby providing an incentive for peace.

根据在线剑桥词典,相互依存指的是对于各方的依赖。所以,如果相互依存体系中有部分关系破裂,那么其他部分很可能步其后尘。由此,这个概念使欧洲各国在经济上相互依存,如果任何一个国家脱离这种相互依存关系,比如出现类似战争的冲突,其他所有相互依存的国家都会遭受经济损失。这就是和平带来的价值。

Over the decades, this interdependent community of countries has expanded to include more and more member states, and over the past 3 decades, this community has been known as the European Union. Since the creation of this interdependent community of countries, the notion of interdependence has evolved within the European Union as well.

过去几十年,相互依存体系中的国家不断增加。过去 30 年,这个体系被称作今天的欧盟。自这个相互依存的体系被建立之后,相互依存的概念也在欧盟内部不断演化。

With the expansion of the areas in which we are interdependent by introducing principles and freedoms just as the supremacy of EU law, the free movement provisions, such as the free movement of goods, people, services, establishments and capital, as well as the introduction of the European Union citizenships, the awareness has grown that interdependent does not only mean to keep the peace so each country is not harmed, but also the understanding that if one country thrives, we all thrive-which over time has contributed to the sense of European solidarity.

随着相互依存领域的扩大,我们引入了原则和自由,例如欧洲最高宪法里的无国界运动——对于商品、人民、服务、机构、资产的无国界限制,以及"欧盟公民"的引入。大家更加意识到,相互依存不仅意味着和平对于各国避免灾害的作用,还有一荣俱荣的意义。因此它随着时间推移对欧洲团结起到贡献。

And as the title of this presentation says, it is this understanding of solidarity that is now reflected in everything the European Union stands for—including its approach to dealing with the COVID-19 pandemic as well as the plans to get the economy back on track moving forward.

如题,正是这种对于团结的理解,如今反映在欧盟所主张的一切事项中,包括它如何应对新冠疫情,以及如何应对灾后经济复苏和持续发展。

An analogy I like to use in my European Law classes to explain what this solidarity means in the European Union and it's understanding of success is to compare the European Union to the German national football team in the 2014 FIFA World Cup. Now, although there were a number of strong players on the team, such as Neuer, Kross, Reus, and Kimmich, Germany is not necessarily famous for its one star player, as is the case, for example in Brazil-with Neymar. Germany's success is based on having overall strong players, however, the key

第四篇　中国会展经济研究会会展法律与政策工作委员会成立重要演讲

is the way these collaborate on the field – with consistency and team solidarity being a key underpinning theme.

在此，借用一个我在欧洲法课堂上喜欢用的比喻来解释团结对于欧盟的意义：用欧盟来比较2014年世界杯的德国队。现在虽然队中有一些优秀的球员，例如Neuer、Kross、Reus、Kimmich，但德国队并不是一个明星球队，尤其跟其他——例如拥有内马尔的巴西队相比。德国队的成功建立在强大的整体球员水平上，然而取胜的关键是场上的合作方式——团结一致是关键因素。

The team is only as strong as its weakest player, not its strongest player. The success of this approach was clearly shown in the clash between Germany and Brazil in the FIFA world cup semi-finals in 2014—Brazil lost its star player for that match and what was left was not able to counter the combined force of the German team-If I remember correctly, Germany won that match 7 to 1.

球队的实力是由最弱的球员决定的，而不是最强的那个。这一点在2014年世界杯半决赛巴西和德国队对决中得到了显著体现。巴西缺少了它的明星球员后，无法与整体实力均衡的德国队抗衡。如果我没记错，德国队以7比1赢得了比赛。

Applying this analogy once again to the EU, we appreciate that it is not the few stronger economies in the EU (The star strikers in the analogy) that are the ones that need to be given priority by the European Union, but instead-by contributing to strengthening the weakest member states the overall team of the EU is strengthened. Essentially, it is less important to score goals than it is to close the gaps in the back to prevent the opposing team scoring against you.

将这个比喻再一次用在欧盟，我们相信不是那几个强大的欧洲国家（就像明星球员）应该获得欧盟优先的重视。相反，向那些相对弱势的盟国进行投入，才能整体提高欧盟的实力。相对于进球，弥补短板和差距来防止对手进球显得更加必要。

The same principles apply in the fight against COVID-19 as well as the plans for future recovery. If we focus too strongly on the economies and healthcare systems that are performing well and neglect the ones that have not got the right infrastructure in place, the virus will spread more, on the one hand, and on the other hand, the global economies will be hit harder. We do not all exist in isolation. We are interdependent, and with that comes a need for solidarity.

相同的原则也可以应用到抗击新冠疫情以及应对未来的复苏当中。如果我们过分关注运行良好的经济和医疗系统而忽略了其他重要基础设施的正常运作,一方面会使病毒扩散更快,另一方面全球经济也将遭受更惨痛的打击。我们并非存活于孤立中,我们相互依存,所以需要团结。

The EU is a supranational organisation comprising 27 sovereign member states. The sovereignty here is key, as in order to function, these sovereign states have relinquished some of their sovereignty-to provide the EU with the competency to act in certain areas. However, the responsibility and competency for the regulation of public health related matters remains in the ambit of the member states' competence. So, at the beginning of the pandemic, the European Commission was only able to act within this legal set-up, which limited its ability to be proactive and come up with common preventative measures. This contributed to a lack of coordination in the vital first weeks of the pandemic.

欧盟是由 27 个主权成员国组成的超国家组织。这里国家主权很重要。为了便于运作,所有主权国必须放弃一部分主权,让欧盟能在某些领域行使职能。然而,管理公共卫生相关事项的责任和能力仍属于每个成员国的职能范围内。所以在疫情初期,欧盟委员会只能在它的法律职权内行动,这限制了它积极采取共同防治措施的能力,从而导致在新冠疫情至关重要的头几个星期缺乏联动。

After the initial challenges, the EU was able to refine its approach and, eventually shifted back to its familiar theme: Solidarity. In the first instances, this focussed on solidarity and cooperation in areas of healthcare to tackle the spreading virus. Initiatives were put in place to cover healthcare needs. In this sense the European Union Solidarity Fund (EUSF) was extended to cover major public health emergencies. Knowledge and supplies were pooled and allocated to the areas that needed it most. Despite the initial move for member states to resort to protectionist practices, closing borders, pointing fingers, focusing merely inwards, the EU nations expanded their views again and began to cooperate, and we started to see the situation improve.

在经历了初期的挑战后,欧盟改进了方式,最终回归到熟悉的主旋律:团结。首先,重点加强医疗卫生领域团结合作,以应对疫情蔓延。各种医疗需求被及时满足。欧盟团结基金被延伸到重大公共卫生突发事件。经验和供给被集中调配到最需要它们的地方。尽管最初部分国家出现了一些保护主义行为,关闭国界,互相指责,只顾自身,而当欧盟拓宽视野开始合作时,我们看到情况开始改进。

第四篇 中国会展经济研究会会展法律与政策工作委员会成立重要演讲

Moving now towards the economic repercussions of the pandemic, the European Council, composed of the leaders of the EU's member states, has agreed on a €750bn package to help countries' economies recover from covid-19, part of a €1.8trn EU budget for the next 7 years. The hard-fought deal shows that the bloc's members have the sense of solidarity needed to respond collectively to disasters. While most of the Recovery Package is intended for inter-EU use, it has been made clear that the pandemic is a worldwide issue, that the EU is, once again, not isolated from the rest of the world.

继而谈到疫情对经济的影响：由欧盟成员国领导人组成的欧盟议会通过了7500亿欧元的一揽子计划，用于帮助国家经济从新冠疫情中复苏。这是欧盟未来7年1.8万亿欧元预算中的一部分。这项来之不易的决定表现出成员国范围内团结的意识，这是共同应对灾难所必需的。虽然大部分复苏计划主要用于欧盟内部，但其明确表明疫情是全球问题，这也再次说明欧盟并非与世隔绝。

If anything, the COVID-19 pandemic has taught everyone that all countries are inter-connected in both sanitary and socioeconomic terms and it is vital that need all work together in order to overcome this global crisis. The COVID-19 crisis is having a major impact on societies around the globe, starting with health systems, and moving to severe global social and economic consequences.

如果说到此次新冠疫情带来的教训，那便是所有国家在卫生和社会经济领域互相协作，所有人共同努力克服全球危机是最重要的。新冠危机正对全球社会产生重大影响，卫生系统首当其冲，继而蔓延到全球社会与经济层面的后果。

The MICE industry, which is the theme of this event, has been one of the sectors that has been hit the hardest by the pandemic. Accordingly, across the world we saw cancellations and postponements of conferences, exhibitions and events in an attempt to limit the spread of the COVID-19 virus and the harm it may cause. Across Europe, we have seen how the event industry was one of the first to be hit by the pandemic and will most likely to be the last one to get back on track. Businesses such as stand companies, event agencies, event technology companies, stages, catering, venues, congress centres, entertainment, hotels, and artists are amongst the ones that have had the hardest impact.

MICE，即会展产业，是本次活动的主题，也是这次疫情中被打击最深的产业。因而，我们看到世界各地的会议、展览和活动都被取消或推迟，以期限制新冠病毒的扩散和致命影响。整个欧洲，我们看到展览业是先受到疫情冲击的行业之一，而且也很可能是最后一个重回正轨的行业。相关的运营商机构,例如会展服务公司、公共活动中介、公共活动科技公司、展台设备商、餐饮服务商、活动场所、会议中心、娱乐业、酒店以及艺术家都是被打击严重的对象。

Since mid-March, the events industry has hardly made any sales, and in contrast to other sectors, these sales cannot be compensated at a later date, they are essentially lost. But what has this taught us? I, for one, think that this has shown us two key things. Firstly, it has demonstrated, once again, how interdependent the economies across the world are. By cutting off one of the sectors that's key purpose is to bring people from all over the world together, we witnessed substantial economic losses. We have seen how much value bringing people together can have in financial terms.

从三月中旬开始,会展行业几乎没有收入。和其他产业不同,这些产业里的收入不能用之后的收入进行补偿解救,亏损无法避免。这教会了我们什么呢?个人认为我们得到的教训有两点。首先,这再一次证明全世界经济体之间的依存关系。牺牲众多产业中的一个,主要目的是将全世界所有人凝聚在一起。我们承受了巨大的经济损失,但同时我们也看到了将所有人团结在一起所产生的经济价值。

The second thing we have had to learn, is that there are alternatives to bringing people together for this purpose. In this sense, the establishment of digital formats has gained increased traction. A German study by the German Meetings Bureau found that before the pandemic merely 47 percent of all respondents saw potential in virtual events in the future. Shortly after this, with the progression of the so-called "new normal" this figure had increased to 75 percent. A similar trend was found in relation to hybrid events-and these figures were from March 2020, so you can imagine that since then confidence in technology has continued to grow. So we can see the potential for the sector to transition towards more virtual events in the future, thereby making the MICE industry easier to access from anywhere in the world and once again bringing people closer together without location barriers.

其次,我们也学习到,将人们团结在一起也有别的替代方式。自此,数字系统获得了快速的发展。一项德国会议局的研究发现,疫情之前只有47%的调查对象认为虚拟会展在未来拥有良好前景。而疫情之后不久,随着所谓新常态的形成,这个数字上涨到75%。一个关于混合会展的类似趋势也出现了,这些数据从2020

第四篇　中国会展经济研究会会展法律与政策工作委员会成立重要演讲

年3月开始变化。所以可以想象,自此以后人们对科技的信心与日俱增。我们可以预见未来这个产业更多地向虚拟会展转变,从而使世界各地的人们更容易接触会展业。它再一次让人们跨越了地点的限制,距离更近。

If we keep our focus on Germany for a minute, we can also see how they were quick to establish that trade shows and business events did not constitute "mass gatherings" and instead clarified that every exhibition is an organised event. In this sense, it is clear that as an industry, MICE businesses are able to create conditions in which attendees are able to ensure any necessary precautions are met in light of COVID-19. It was this move that has paved the way for exhibitions to take place again, and contribute to the post-crisis economic recovery.

继续关注德国,我们还会发现他们如何快速建立制度:贸易展览和商业活动并不构成"群众集会",进而阐明每个展览都是组织完备的活动。这个意义上,显然,会展作为一个产业,可以创造条件,使参展方在新冠疫情中满足必要的防护要求。这个举措为会展活动得以再次启动奠定了基础,也对后疫情经济复苏做出了贡献。

In the early days of the pandemic, the predominant reaction across the world was for nations to turn in on themselves, to close national borders and restrict economic and political cooperation. However, in the MICE industry, amongst others, it has become evident that it is hard to coordinate and cooperate without human contact. Across the globe, areas such as diplomacy, international business, education, the legal sector, foreign affairs, and many others have moved towards using modern technology.

在疫情初期,世界各地的大多反应是国家各自解决自身问题、关闭边境、限制经济和政治合作。然而,相较于其他行业,会展业显然难以在缺乏人际交流的前提下进行协调合作。在全球范围内,法律部门、涉外事务等领域都在朝着使用现代技术的方向发展。

However, although this is a great move with much future potential, as we have seen in various presentations today, which is able to connect continents in an unprecedented fashion, it remains to say that technology will not be able to replace human interaction and contact entirely, as this is just part of human nature – and in order to ensure the long term recovery of the MICE industry we need to keep in mind that we are all in this together, and we are only as strong as our weakest players. COVID-19 has taught us, once again, the importance of solidarity for everyone's long term wellbeing and prosperity. Thank you all for listening.

然而,尽管这是一个伟大且充满潜力的举措,在今天很多报告中我们发现,科技可以在新的事件发生时联结各大洲,但它仍无法完全取代人与人之间的互动与接触,毕竟这是人性的一部分。为了确保会展产业长期复苏,我们需要铭记:我们命运与共,我们中的薄弱环节决定了整体水平。新冠疫情再一次教会我们,所有人的团结对于长期幸福与繁荣的重要性。感谢各位聆听。

第四篇　中国会展经济研究会会展法律与政策工作委员会成立重要演讲

Embracing Change in Challenging Times
在充满挑战的时代中迎接变革

Sven Bossu[①]　兰美玲[②]

So indeed: embracing change in challenging times. Just as an introduction: what we saw this year was quite dramatic. 2019 was a very good year, and everybody was planning to have an even better 2020, but then we saw everything come to a standstill and all event venues across the world are closed. And in some cases they were actually transformed into health or care facilities. What we're seeing now across the world and especially in Asia, is that venues are reopened again for business, but that situation is very different per region.

确实,在充满挑战的时代中迎接变革。在此我想先介绍一下:今年我们所看到的景象是相当戏剧性的。2019年是非常美好的一年,每个人都期待迎接一个更好的2020年,但后来我们却看到一切陷入停顿,世界各地所有的会展场馆也随之关闭。而在某些情况下,它们实际上被改造为医疗场所。如今我们看到世界各地,尤其是亚洲的诸多场馆重新开业,但每个地区的情况大不相同。

And here are some figures we got from the AIPC Community. I will not spend a lot of time on these because I think the most important thing is that a lot of main events got cancelled, a lot of events got postponed. That's the process which is still ongoing for the moment, and everybody is looking at changing their booking contractual language, liability, etc. Those things are being looked at very carefully, and the vast majority of the venues have now a plan in place for business re-activation and re-booking activities. Everybody is eager to get his business up and running again.

这是我们从 AIPC 得到的一些数据。我不会花过多时间在这方面,因为我认为讨论的重点在于很多主要的活动被取消、被推迟。这一状况目前仍在持续,大家都在考虑更改其预订合同术语、责任条款等问题。人们密切关注这些事项,并

---

　①　Sven Bossu,CEO of AIPC (International Association of Convention Centres).
　②　本演讲由兰美玲整理并经演讲人确认,由兰美玲翻译。兰美玲,北京联合大学应用文理学院法律系硕士研究生。

且绝大多数的场馆目前已经制订了重新刺激和预订业务的计划。每个人都渴望把自己的企业重新经营起来。

However, there are some key challenges: 1. Delegates are still a little bit concerned to travel. 2. Budgets have dropped and revenues have been lost. Travel capacity in the area of airports and airplanes is getting back to its situation. But it's still not a good situation we had before the crisis. And of course there's the challenge in creating safe environments. However, what we're seeing are some really good examples, especially in China where events take place properly again and being organized in a very safe and secure way. And in that way, I think what is happening in China is a true example for what needs to be done in the rest of the world.

然而,目前我们面临一些关键的挑战:①与会代表们还是有些担心出行问题;②各行各业预算下降,收入减少。机场客运量与航班数正在回归原状,但尚未恢复到危机前的良好形势。当然我们还面临创造安全环境这方面的挑战。然而,我们也看到一些非常好的例子,尤其是在中国,展会再次以非常安全的方式有序进行。正因如此,我认为在这方面中国为其他国家树立了一个真正的榜样。

So now, with everybody eager to start their business again, what we're seeing is that the entire event ecosystem is concerned. This is not only about event venues, it is also the hotels, it is also the airlines, it is also the people organizing outside. Everybody is going through a circle where this year we survived on that. Hopefully next year we will start constructing business again. We stopped to grow and hopefully as from 2022 we will thrive again.

因此,当下人人都渴望重新开业,由此我们看到整个会展生态系统相互关联,它不仅限于会展场馆,也关乎酒店,关乎航空公司,同时也关系到场外组织人员。每个人都处于一个联系圈,今年我们在这一联系中得以幸存,明年我们有望重启业务。今年我们停止增长,而从2022年开始,我们有望再次繁荣。

Now what is difficult here is that the exit strategies are different per region. And what we now need to do is do massive effort to re-create the trust both with the organizers and local authorities that organized events can take place in a safe and secure way. That's really crucial in re-getting the trust from our customers that we can do our work safely and securely. In order to do so, I think you all agree that investments will be required to create this safe and secure environment. And the other thing that's especially the case in Europe and in

第四篇 中国会展经济研究会会展法律与政策工作委员会成立重要演讲

certain parts of the Americas is that sometimes your authorities mix up two things: organized events and mass gatherings. The business we are in are events organized in a safe and secure way.

当前的困境在于每个地区的退出策略各不相同。我们现在需要做的是尽最大努力重新建立同组织者和地方政府之间的信任——组织完备的会展活动能够以安全可靠的方式进行。这对于重新获得客户的信任,让他们相信我们能够安全、可靠地完成工作,是非常关键的。为此,我想大家都认可有必要引入投资来营造这种安全环境。另一方面,尤其是在欧洲和美洲的某些地方,当局政府混淆了两个概念:有组织的会展活动和大型聚会。我们所处的行业(会展业)正是以一种安全可靠的方式组织的活动。

In order to do this, I think it's important that the collaboration across the globe is required to share knowledge. I think what's happening in China and the measures you are taking and the solutions you are finding, need to be shared with the rest of the world. AIPC, is a global association of event venues. We have 180 members in 60 countries across the world with a growing number in Asia, specifically in China. And what we are doing is collaborating with two other global associations UFI and ICCA. We're creating its guides which are made available to the entire event industry. So it's not just for our members. We made them be available free and induct the entire industry. And on this slide, you can see that the latest one is the Good Practice Guide for the Re-opening of the Business Events. Now we know that a lot of experience will be learned in the next couple of months and a new version of this guide will be created by September, which will once again be made available to the global event industry with its first really importance to work together and to share the knowledge with everybody around the table.

为了做到这一点,我认为通过全球合作来共享知识至关重要。我认为此刻中国正发生的事情、所采取的措施以及正在寻找的解决方案,都有必要与世界各地分享。国际会议中心协会(AIPC)是全球性的会展场馆协会。我们在全球60个国家拥有180名会员,在亚洲,特别是在中国,会员数量还在不断增加。我们正在与另外两个全球性协会——全球展览业协会(UFI)和国际大会及会议协会(ICCA),一起合作创建面向整个会展行业的指南。因此,它不仅提供给AIPC的会员,我们将免费对外提供这些指南,用于引导整个会展业的发展。最新一版的指南是《商务会展重启实践指南》。我们确信在接下来的几个月里将会学到许多经验,新版指南也将于 9 月份推出,并再次提供给全球会展行业,它的首要意义是作为交流合作的媒介,并为同在座各位分享知识提供契机。

Once more I remark here, as we are writing the new guide in August, and because you already have a lot of experience in successfully re-opening. If you who have any information that you would like to share with AIPC community, please do not hesitate to send me an E-mail.

在此我想重申,鉴于我们将于 8 月制定新的指南,且你们已经具备诸多重新开展业务的成功经验,如有任何想与 AIPC 分享的信息,请随时给我发电子邮件。

So, there are two things ahead of us: on the one hand, uncertainty, and on the other hand, opportunities. And I will discuss a little bit on both of them.

因此,目前我们面临两大形势:一方面是不确定性,另一方面是机会。我将对这两个问题进行一些讨论。

The first one is the lack of standards. I have already mentioned that exit strategies and regulations are very different across the world and sometimes even within one country, because the decision power is at the level of the regions, at the level of countries, or sometimes at the level of the cities. So what we need to do as an industry is to provide authorities with guidance on why organized events need to take place and how they will take place. We can demonstrate that we can do it in a safe and secure way. And I think you also need to accentuate that events are very important to drive economic development, to drive economic innovation. And that's why the Joint Meeting Industry Council (JMIC) and AIPC, a part of the Council released a manifesto to explain that. And that's actually your resource which can be used by anybody across the globe to explain to local authorities. This is why business events are so important.

第一个是缺乏标准。我此前已经提到,世界各地的退出策略和法规大为不同,有时甚至在一个国家内部也是如此,因为决定权在地区、国家一级,或是在城市一级。因此,作为一个行业,我们需要向当局政府提供为何要举办有组织的会展活动以及如何举办会展活动的指导意见。我们可以证明能够通过安全可靠的方式做到这一点。此外还需要向其强调会展对推动经济发展、驱动经济创新的重要作用。这也是联合会议工业理事会(JMIC)及作为该理事会一员的国际会议中心协会(AIPC)发布了一份宣言的原因。实际上这是你的资源,世界范围内的任何人都能使用这些资源来向地方政府作说明。这也是为什么商业会展如此重要。

This, of course, is a snapshot of the situation today. And we will continue

第四篇　中国会展经济研究会会展法律与政策工作委员会成立重要演讲

to get involved in all of these documents and make sure that there is a global calibration and share the standards so that we talk the same language with all the authorities across the world.

当然，这只是当下形势的一个缩影。我们将继续参与制定这些文件，并确保文件的国际性、共享性和标准性，以便我们与世界各地的所有权威机构使用相同的标准。

But there are also many opportunities and if you look at the event venues, then you know actually all of them are reinventing themselves. As I mentioned at the start that people are looking at their business model, right? And they're always reinventing themselves, for example, so we have new models can be involved. You can attract new customers. For example, the universities are in need of more things for their students. Therefore, what we see is that event venues step into that market and actually start offering space for universities, which starts attracting a new type of customer. People are also attracting new types of business.

然而我们也有很多机会，如果你关注会展场馆，那么你会发现实际上它们都在自我重塑。正如我在一开始提到的，业者正在关注他们的商业模式，不是吗？他们一直在自我改造，因此我们有新的模式可以参与合作。你可以吸引新的客户，例如，大学需要为他们的学生提供更多的东西。因此我们可以看到会展场馆进入这一市场并实际上开始为大学提供展会空间，这说明会展行业开始吸引新型客户。同时人们也在吸引新的商业类型。

And I give you a very funny but embarrassed example. On the roof of the exhibition floor, we now have a place of 13,000 square meters where people grow vegetables. And vegetables are being offered to the city. There are also new types of venues. An example there is a medical association working together with their local health authorities and creating an event which has an immediate impact on the health care in that country, for example, for cancer treatment. And there are completely different types of products which are being offered, which is more and more in the space of virtualization.

我来举一个非常有趣但却尴尬的例子。我们目前在展览场地的屋顶有一个13000平方米的地方供人们种植蔬菜，这些蔬菜主要被供往城市。另外还有一些新型的展会场地。例如，有一个医学协会与当地卫生部门合作，举办了一次对该国医疗保健（例如癌症治疗）有直接影响的展会。现在展会提供的产品类型完全不同,越来越多的是虚拟化领域的产品。

So it's the combination of on-site events and virtual events. So you can see that there is a crisis. Yes, we have been stopped in our business because we need to reinvent ourselves, but there are also many opportunities for doing so and coming out of this crisis in a very strong and different way.

所以这是现场展会和虚拟展会的结合。因此你可以看到其中蕴藏危机。如今商事业务已被迫停止,因此我们需要自我重塑,然而我们面临很多机遇,足以让我们以一种非常强大和特殊的方式走出困境。

As mentioned, technology will be very important. Technology will be there to enable events. But it's also a way of increasing reach because travel will still be restricted and be in the hybrid model. We can reach people across the globe who cannot travel. So technology is an "enabler". It's not the killer of events. So what we were seeing is physical and virtual co-existing, but each with different objectives. An event venue will need to offer both physical and virtual services. So what you see in some cases that venues are installing TV studios in order to allow for that connectivity. But it also means, from a mindset perspective, that venues need to be ready to deal with continuous change. What you've seen now, this drastic change, is something which will continue. And it also means that our teams in our respective companies need to be able to deal with that change. They need to be agile, understand fast and move fast.

如前所述,技术将非常重要。技术将确保会展活动顺利进行。同时它也是一种扩大覆盖面的方式,因为旅行仍将受到限制,并处于混合模式。通过技术我们可以联系到世界各地无法出行的人。所以技术是一个"推动者",而非会展业的杀手。因此我们看到的是实体展会和虚拟展会并存,不过二者各有不同的目标。一个会展场所需要提供实体和虚拟两方面的服务。因此,在某些情况下,你会看到场馆正在安装电视演播设备,以实现这种连接。但从思维倾向的角度来看,这也意味着场馆需要做好应对持续变化的准备。就当前形势而言,这种剧烈的变化将会持续下去。这也意味着公司的团队需要能够应对这种变化。他们需要思维敏捷,能够快速理解、快速行动。

It's an interconnected world, so it's very important to share knowledge. And that's why I'm so happy and so honored that I am here today with you that I can share this message and reach out to you to get knowledge from you to come out of this trouble together. AIPC, with its growing number of Asian members,

第四篇　中国会展经济研究会会展法律与政策工作委员会成立重要演讲

will continue to reach out to you. We will continue to collect your knowledge and to share the knowledge we collect from other agents so that we can grow together. But we must join forces and convince authorities and customers that organized events can take place in a safe and secure way. It is of key importance. And once again organizing events like this, where we share knowledge, where we talk to each other, are also of key importance. Thank you ever so much for inviting me. And I wish you all the best for the rest of today.

　　这是一个相互联系的世界,因此分享知识至关重要。所以我很高兴,也很荣幸在今天能和你们一起分享这些信息,并向你们寻求知识,一起走出当前的困境。国际会议中心协会(AIPC)的亚洲成员越来越多,它将继续为你们提供帮助。我们也将继续收集你们的经验,并分享我们从其他成员那里收集到的经验,以便我们能够共同发展。但最重要的是,我们必须团结起来,让政府和客户相信,我们有能力组织好一场安全可靠的展会。此外,再次组织这样的经验分享、知识交流的活动也十分重要。非常感谢你们邀请我,祝在座各位一切顺利。

第五篇　国际立法借鉴

中国会展法治应当走中国特色的会展业法治路径,但国际社会的重要立法,仍可以成为中国特色会展法治的重要镜鉴。韩国会展业发展迅速,法制健全,其颁布的《展览业发展法》《国际会议产业法》可资借鉴。

韩国《展览业发展法》[①]

本法于2008年3月21日制定,2008年9月22日正式施行。期间经历多次修订,修订日期分别为:
2009年2月、5月(因其他法律变更而进行修订[②])
2010年2月(部分修订[③])
2010年3月(因其他法律变更而进行修订)
2011年3月(部分修订)
2011年8月(因其他法律变更而进行修订)
2013年3月(因其他法律变更而进行修订)
2014年1月(部分修订)
2014年5月(因其他法律变更而进行修订)
2015年2月(部分修订)
2016年1月(部分修订)
2018年12月(因其他法律变更而进行修订)
2020年12月(因其他法律变更而进行修订,最新,已于2020年12月31日施行)

第一章 总则

第1条(目的)

本法旨在加强展览业竞争力,促进行业发展,为贸易振兴和国民经济发展做出贡献。

[①] 本法由刘洪兵翻译。刘洪兵,中国贸促会调解中心案件秘书,主要研究方向为国际贸易和争议解决、东北亚政治经济等。
[②] 指本法所引用的其他法律相关条文内容(例如序号、机构名称)发生了改变,本法相应引用条文的内容也随之改变。
[③] 指本法部分内容发生实质性改变。

第 2 条（定义）

本法中各项用语的定义如下：

1."展览业"是指建设、运营展览设施,规划、举办展览及展览附带活动,制作、安装与此相关的物品及装置,进行展览空间设计和相关工程,提供与展览会相关劳务等的产业。

2."展览会"是指为了贸易洽谈和商品及服务的销售、宣传而举办的、常设或非常设的样品博览会、贸易洽谈会、博览会等,种类和规模由总统令①决定。

3."展览会附带活动"是指为了促进展览会宣传及销售而举办的说明会、演示会、国际会议及附带活动等。

4."展览设施"是指举办展览会及附带活动所需的设施和相关附属设施,种类和规模由总统令决定。

5."展览从业者"是指下列从事与展览业相关经济活动的人员：

（1）展览设施从业者：建设或运营展览设施的从业者；

（2）展览主办单位：规划、举办、运营展览会及展览会附带活动的从业者；

（3）展览设计安装商：制作、安装与展览有关的物品及装置或执行与展览空间设计相关工程的从业者；

（4）展览服务从业者：提供与展览会相关劳务的从业者。

6."线上展览会"是指符合产业通商资源部令规定的条件、利用网络等通信方式在线上举办的展览会。

第二章　展览业发展规划

第 3 条（制定展览业发展计划）

1.为促进展览业发展,产业通商资源部长官应制订并开展包含下列内容的展览业发展计划：

（1）展览业发展基本方向；

（2）展览业市场规模及现状；

（3）展览业的国内外条件及展望；

（4）展览设施供需相关事项；

（5）培育国际水准的贸易展览会；

---

① 韩国法律一般对某事项的基本内容进行规范,而该事项的具体内容通过总统令、总理令等方式规范。

(6)地区战略产业相关的展览会促进方案；

(7)构建展览业基础相关事项；

(8)此外,发展展览业相关事项。

2. 在制订或变更展览业发展计划时,产业通商资源部长官须通过本法第5条规定的展览业发展协会协商程序进行。

3. 产业通商资源部长官可与相关中央行政机构负责人协商,根据展览业发展计划,开展展览业发展工作并制定所需的制度和标准。

4. 制订展览业发展计划等工作的具体内容,由总统令决定。

第4条（展览业发展主管机构）

1. 为了有效推动展览业发展,产业通商资源部长官可指定下列机构、法人或团体作为展览业发展主管机构（以下称"主管机构"）：

(1)特别市、广域市、特别自治市、道、特别自治道；

(2)市、郡、自治区；

(3)根据《高等教育法》设立的大学、产业大学、专科大学；

(4)根据《大韩贸易投资振兴公社法》设立的大韩贸易投资振兴公社；

(5)根据《中小企业振兴相关法律》设立的中小风险企业振兴团体；

(6)根据《中小企业协同组合法》设立的中小企业中央会；

(7)删除；

(8)此外,总统令规定的法人或团体。

2. 如主管机构以欺骗或其他不正当手段被指定为主管机构,产业通商资源部长官应取消该指定。

3. 产业通商资源部长官可在预算范围内对主管机构推动展览业发展工作的所有或部分费用进行补助。

4. 与本条第1款、第2款的主管机构的指定及取消,以及与本条第3款的支持费用的交付、使用及管理等相关的事项,由总统令决定。

第5条（设置、运营展览业发展协会）

1. 为推动与相关中央行政机构就展览业发展工作进行协商,产业通商资源部长官设立下属展览业发展协会（以下称"协会"）,协商内容包括：

(1)与本法第3条展览业发展计划相关的事项；

(2)与本法第11条规定的展览设施建设（包括增设,下同）计划相关的事项；

(3)提高展览业竞争力的必要事项；

(4)此外,产业通商资源部长官认为有必要提交审议的事项。

2.删除。

3.为了协会的有效运作,可设立由专家组成的咨询委员会。

4.协会和咨询委员会的构成、运营等事项由总统令决定。

第 6 条(展览业的市场现状调查及需求调查)

1.根据本法第3条规定,为制订展览业发展计划,建设中、长期展览设施,产业通商资源部长官必要时可进行有关展览业市场现状及需求的调查。

2.产业通商资源部长官可向有关行政机构、地方自治团体申请获得与本条第1款市场现状及需求的调查相关的资料。有关行政机构等部门在没有特别理由的情况下,应予以回应。

第三章　删除

第 7 条(删除)

第 8 条(删除)

第 9 条(删除)

第 10 条(删除)

第四章　展览业基础建设

第 11 条(展览设施建设)

1.建设展览设施时,主管机构如需要获得国家或地方经费支持,应根据总统令规定,事先与产业通商资源部长官协商下列事项:

(1)建设展览设施的合理性;

(2)建设展览设施所使用的设备、人力及资金来源;

(3)展览设施运营及使用计划;

(4)住宿设施等配套设施建设计划;

(5)其他与展示设施相关且由产业通商资源部长官认定为必要的事项。

2.此外,产业通商资源部长官可根据本条第1款,综合考虑展览设施的国际竞争力、展览会及展览会附带活动的供需、对地区经济发展的贡献度、地区均衡发展等因素,对展览设施建设计划进行调整。

3.如果展览设施为《国际会议产业法》第2条第3款规定的国际会议设施,那么在根据本条第2款对展览设施建设计划进行调整时,产业通商资源部长官应事先与文化体育观光部长官协商。

第 12 条（培养展览业专业人才）

1. 政府应探索培养展览业专业人才的有效方案。

2. 为培养展览业专业人才，产业通商资源部长可要求主管机构开展下列工作：

(1) 开展教育和培训；

(2) 进行课程开发及运营；

(3) 此外，由产业通商资源部长官决定的、与展览业专业人才的教育及培训相关的必要工作。

第 13 条（展览业信息的流通促进及管理）

1. 为了促进展览业信息流通，产业通商资源部长官应采取必要的措施。

2. 为了促进展览业信息流通，产业通商资源部长官可要求主管机构开展下列工作：

(1) 展览业信息、统计标准的制定、收集及分析；

(2) 展览业信息的加工及流通；

(3) 搭建及运营展览业信息网；

(4) 此外，由产业通商资源部长官指定的、促进展览业信息流通而进行的必要工作。

3. 删除。

第 14 条（删除）

第 15 条（线上展览会）

1. 产业通商资源部长官应采取必要的措施构建线上展览会体系。

2. 为构建线上展览会体系，产业通商资源部长官可要求主管机构开展下列工作：

(1) 利用网络举办线上展览会；

(2) 线上展览会管理体系的开发及运营；

(3) 此外，产业通商资源部长官决定的、为构建线上展览会体系而进行的必要工作。

3. 产业通商资源部长官可对举办、主管线上展览会或参与该活动的机构提供必要的支持。

第 16 条（国际合作促进）

1. 为实现展览业的发展及国际竞争力的提高，产业通商资源部长官应探索促进国际合作。

2.为促进国际合作,产业通商资源部长官可要求主管机构开展下列工作:

(1)展览业相关国际合作的调查及研究;

(2)展览业专业人才及展览业信息的国际交流;

(3)举办展览会及展览会附带活动并开展与相关机构的合作;

(4)此外,产业通商资源部长指定的、为促进展览业的国际合作而进行的必要工作。

第 17 条（展览会的国际化、大型化、专业化等）

1.产业通商资源部长官应实现展览会的国际化、大型化、专业化,培育具有国际竞争力的展览会。

2.产业通商资源部长官应吸引海外参展企业及参观者,促进展览会的发展。

3.产业通商资源部长官应支持展览会与地区战略产业的相互关联和促进。

第 18 条（展览业标准化）

1.为了高效培养展览业,产业通商资源部长官应探索展览业标准化政策。

2.产业通商资源部长官可制定必要的标准及制度,以实现展览业的标准化。

3.产业通商资源部长官可要求主管机构为展览业的标准化开展下列工作:

(1)研究制定展览业相关业务及程序标准;

(2)设定展览业从业者间的标准合同(应遵守《垄断限制及公平交易法》第 19 条第 1 款及第 26 条第 1 款规定);

(3)此外,产业通商资源部长官认为有必要的展览业标准化工作。

第 19 条（与展览会相关投标的特例）

为推动展览业的发展和竞争体系的建立健全,产业通商资源部长官可制定与展览会规划、设计、制作、建设等项目的招投标相关的特殊程序及标准,并予以公告。

第 20 条（发掘朝阳产业展览会）

1.为了展览业的发展及国际竞争力的提高,产业通商资源部长官应发掘朝阳产业展览会并给予支持。

2.产业通商资源部长官可要求主管机构开展下列工作推动朝阳展览会发展:

(1)展览会的规划及设计征集;

(2)指定朝阳产业展览会,并对此提供支持;

(3)此外,产业通商资源部长官认为有必要的工作。

第五章　支持展览业发展

第 21 条

1. 为推动展览业发展，产业通商资源部长官可在预算范围内补助下列工作：
(1) 与本法第 6 条相关的展览业市场现状及需求调查；
(2) 与本法第 11 条到第 20 条相关的展览业基础建设工作；
(3) 举办国内展览会及附带活动；
(4) 参加海外展览会；
(5) 此外，产业通商资源部长官认为有必要的工作。

2. 根据本条第 1 款规定，如果被补助者以虚假或其他不正当的方法接受补助，或接受补助但未妥善使用时，产业通商资源部长官应收回数额相当的补助。

3. 第 1 款及第 2 款的补助及收回补助等事项，由总统令决定。

4. 产业通商资源部长官可根据第 1 款内容，对具有相似性的展览会进行整合或调整，以促进展览业的发展和效率的提升。

5. 为促进海外营销、提高效率，产业通商资源部长官可制定海外营销支持战略，据此与有关部门协商第 1 款第（4）项海外展览会的支持类型及标准等，并另行公布。

6. 根据本条第 5 款，为提高海外营销效果，必要时产业通商资源部长官可与相关机构进行协商，调整海外展览会补助。

第 22 条（展览会评估制度）

1. 根据本法第 21 条规定，产业通商资源部长官可实施国内展览会举办及参加海外展览会评估制度。

2. 在举办国内展览会及支持参加海外展览会时，产业通商资源部长官应根据本法第 21 条第 1 款规定，对本条第 1 款内容的评估结果进行反馈。

3. 本条第 1 款及第 2 款的评估方法及程序等与评估制度运营相关的事项，由总统令决定。

第 23 条（税收支持等）

1. 为促进展览业的发展，根据《租税特例限制法》《地方税特例限制法》以及其他有关税收的法律规定，政府可对展览从业者进行税收减免。

2. 为促进展览业的发展，政府可根据总统令规定对展览从业者提供金融及行政等方面的必要支持。

第 24 条（费用减免）

根据相关法律规定，可对建设、运营展览设施的人员减免下列的费用：

1.《山地管理法》第 19 条规定的替代森林资源建设费。

2.《农地法》第 38 条规定的农地保全费。

3.《草地法》第 23 条第 6 款规定的替代草地组成费。

第 25 条 删除

第六章　附则

第 26 条（国、公有财产的租赁及出售）

1.尽管受到《国有财产法》或《公有财产及物品管理法》的限制，但出于展览设施建设、运营的需要，必要时国家或者地方自治团体可与本法第 4 条第 1 款第（4）项到第（6）项下的各方，以及第（8）项中法人或团体中符合总统令规定的各方签署合同，允许其拥有国有财产或公有财产的使用权、收益权或者进行租赁、出售的权利。

2.根据第 1 款规定，出租国有或公有土地或建筑物时，出租机构可依照《国有财产法》或《公有财产及物品管理法》，在 20 年的期限内出租，也可延长此期限。

3.根据本条第 1 款规定，出租国有或公有土地时，可不受《国有财产法》或《公共财产及物品管理法》的限制，允许承租者在该土地上建设建筑物或其他永久设施。但在本条第 2 款规定的租赁期限结束时，需将相关设施捐赠给国家或地方自治团体，或将土地恢复原状后返还。

4.根据本条第 3 款规定，在国有或公有土地上建设建筑物或其他永久设施时，主管机构不得将该设施作为担保物或将其出售。

第 27 条（建筑展览设施许可等）

1.展览设施的建设者如已取得《建筑法》第 11 条所规定的建筑许可，或根据《建筑法》第 14 条提出了建设申请，且有关市长、郡守或区厅长已与本条第 4 款规定的相关行政机构的负责人协商一致的，建设者将被视为已取得或进行了除《建筑法》第 11 条第 5 款规定以外的下列许可或申报：

（1）《下水道法》第 24 条规定的设施或工作物的安装许可；

（2）《自来水法》第 52 条规定的专用自来水许可；

（3）《火灾预防、消防设施设置、维护及安全管理相关法律》第 7 条第 1 项规定的许可；

(4)《废弃物管理法》第29条第2款规定的废弃物处理设施的安装批准或申报。

2.市长、郡守或区厅长如已根据《建筑法》第22条规定进行了批准,且已根据本条第4款与其他行政机构长官协商一致的,建设者将被视为已取得或进行了除《建筑法》第22条第4款规定以外的下列许可或申报:

(1)《水道法》第53条规定的专用上水道水质检查;

(2)《消防设施工作法》第14条规定的消防设施竣工检查;

(3)《废弃物管理法》第29条第4款规定的废弃物处理设施使用申报。

3.建设者在申请展览设施的建筑许可时,应同时提交法律规定的其他文件。

4.市长、郡守或区厅长在对《建筑法》第11条第1款及《建筑法》第14条第1款相关的建筑许可、建筑申报及《建筑法》第22条第1款相关使用许可进行审查时,如遇到本条第1款及第2款规定的、涉及其他行政机构权限的事项,应与该行政机构的负责人协商,相关行政机构负责人应自被要求之日起15日内提出意见。

第28条(委任和委托)

1.根据本法第6条、第12条、第13条、第15条至第18条及第20条至第22条以及总统令的部分规定,产业通商资源部长官可委任或委托相关行政机构的负责人、相关法人或团体负责相关业务。

2.根据本条第1款,产业通商资源部长官可在预算范围内对被委任或委托的法人或团体提供必要的经费补助。

第七章　删除

第29条 删除

 韩国《展览业发展法》原文链接

第五篇 国际立法借鉴

韩国《国际会议产业法》[①]

本法于1996年12月30日制定,1997年3月31日正式施行。期间经历多次修订,修订日期分别为:
2001年3月(部分修订[②])
2003年5月(因其他法律变更而进行修订[③])
2003年8月(部分修订)
2005年3月(因其他法律变更而进行修订)
2007年4月、5月(因其他法律变更而进行修订)
2007年12月(部分修订)
2008年2月、3月(因其他法律变更而进行修订)
2009年3月(因其他法律变更而进行修订)
2009年6月(部分修订)
2011年11月(因其他法律变更而进行修订)
2015年3月(部分修订)
2016年12月(部分修订)
2017年1月(因其他法律变更而进行修订)
2017年11月(部分修订)
2020年12月(部分修订,最新,将于2021年6月23日施行)

第1条(目的)

本法旨在促进、支持国际会议发展,培养、振兴国际会议产业,为旅游业和国民经济发展做出贡献。

[①] 本法由刘洪兵翻译。刘洪兵,中国贸促会调解中心案件秘书,主要研究方向为国际贸易和争议解决、东北亚政治经济等。
[②] 本法部分内容发生实质性改变。
[③] 例如本法所引用的其他法律相关条文内容(例如序号、机构名称)改变了,本法相应条文的内容也随之改变。

第 2 条（定义）

本法各项用语的定义如下：

1."国际会议"是指相当数量的外国人参加的会议（包括研讨会、讨论会、展览会等），种类和规模由总统令决定。

2."国际会议产业"是指与申办、举办国际会议相关的会议设施和服务产业。

3."国际会议设施"是指与举办国际会议相关的会议设施、展览设施及附属设施等，种类和规模由总统令决定。

4."国际会议城市"是指根据本法第 14 条规定，为培养、振兴国际会议产业而指定的特别市、广域市或市。

5."国际会议专业组织"是指为振兴国际会议产业而开展各项工作的组织。

6."国际会议产业培养基础体系"包括国际会议设施、国际会议专业人才、线上国际会议、国际会议信息等对国际会议的申办、举办起辅助作用的设施、人才、体系、信息等。

7."国际会议综合区"是指本法第 15 条之二规定的国际会议设施及国际会议集成设施集中的地区。

8."国际会议集成设施"是指本法第 15 条之三规定的在国际会议综合区内，为国际会议设施提供辅助的住宿、销售、演出等设施，种类和规模由总统令决定。

第 3 条（国家责任）

1.国家应制定必要的行政、财政补助措施，培养、振兴国际会议产业。

2.本条第 1 款中的补助措施涵盖国际会议相关的住宿、交通及旅游设施的建设、扩充或改善等内容。

第 4 条 删除

第 5 条（指定、设立国际会议专业组织）

1.为促进国际会议产业的发展，必要时文化体育观光部长官可指定国际会议专业组织（以下简称"专业组织"）。

2.为促进国际会议产业的发展，必要时，拥有、管理国际会议设施的地方自治团体的负责人可设立、运营专业组织，并向其提供全部或部分费用。

3.指定、设立、运营专业组织相关事项，由总统令决定。

第 6 条（制定国际会议产业培养基本计划等）

1.为培养和振兴国际会议产业，文化体育观光部长官每 5 年制定和实施一次国际会议产业培养基本计划（以下称"基本计划"），包含下列内容：

(1)国际会议的申办和发展；

(2)保障国际会议的顺利举办；

(3)培养国际会议人才；

(4)国际会议设施的建设和扩充；

(5)与传染病相关的安全、卫生、防疫相关事项（2020年新增）；

(6)此外，与国际会议产业的培养和振兴相关的重要事项。

2.文化体育观光部长官应根据基本计划，制订并实施年度国际会议产业培养实施计划（以下称"实施计划"）。

3.为有效推动基本计划及实施计划，文化体育观光部长官可要求相关中央行政机关、地方自治团体以及事业实施机构的负责人提供必要的资料或信息、提出意见等。相关人员在没有正当的理由的情况下，应当服从要求。

4.文化体育观光部长官应对基本计划的执行情况进行业绩评估，并将该结果反映在基本计划的修订中。

5.基本计划、实施计划的制订及业绩评估的方法、内容等事项，由总统令决定。

第7条（申办、举办国际会议）

1.为促进国际会议发展、保证国际会议的顺利举办，必要时，文化体育观光部长官可向国际会议的申办者或举办者提供补助。

2.如需取得本条第1款中的补助，应根据文化体育观光部令的规定向文化体育观光部长官提出申请。

第8条（国际会议产业培养基础体系）

1.为培养国际会议产业，文化体育观光部长官应与相关中央行政机关负责人进行协商，推动下列各项工作的开展：

(1)建设国际会议设施；

(2)培养国际会议专业人才；

(3)夯实国际会议产业基础，推动国际合作；

(4)夯实互联网等线上国际会议的基础；

(5)国际会议产业信息和统计的收集、分析及流通；

(6)此外，以总统令的形式制定的培养国际会议产业基础的工作。

2.文化体育观光部长官可要求下列机关、法人或团体（以下称"事业实施机构"）开展国际会议产业培养工作：

(1)根据本法第5条第1款及第2款指定、设立的专业组织；

(2)根据本法第14条第1款指定的国际会议城市;

(3)根据《韩国观光公社法》设立的韩国观光公社;

(4)根据《高等教育法》设立的大学、产业大学及专科大学;

(5)此外,以总统令形式决定的法人、团体。

第9条(国际会议设施的建设、运营等)

为促进国际会议设施的建设及运营,文化体育观光部长官可对事业实施机构推动的下列各项工作提供补助:

1. 建设国际会议设施。

2. 运营国际会议设施。

3. 此外,与国际会议设施的建设及运营相关的、必要时以文化体育观光部令的形式规定的工作。

第10条(国际会议专业人才的教育、培训等)

为培养国际会议专业人才,文化体育观光部长官可对事业实施机构进行的下列各项工作提供补助:

1. 国际会议专业人才的教育和培训。

2. 国际会议专业人才教育课程的开发与运营。

3. 此外,与国际会议专业人才的教育、培训相关的,必要时以文化体育观光部令的形式规定的工作。

第11条(国际合作促进)

为推动国际会议产业发展、促进国际合作,文化体育观光部长官可对事业实施机构进行的下列各项工作提供补助:

1. 国际会议国际合作的调查与研究。

2. 国际会议专业人员和信息的国际交流。

3. 引进外国国际会议机构和团体。

4. 此外,为了促进国际会议培养基础的国际合作,以文化体育观光部令的形式规定的工作。

第12条(线上国际会议的发展)

1. 为推动线上国际会议发展,政府应采取必要的措施。

2. 为推动线上国际会议发展,文化体育观光部长官可对事业实施机构进行的下列各项工作提供补助:

(1)通过网络等信息通信网举办的线上国际会议;

(2)开发及运营举办线上国际会议的体系;

(3)此外,以文化体育观光部令的形式确定的、推动线上国际会议发展的工作。

第 13 条（促进国际会议信息的流通）

1. 为促进国际会议信息的畅通,政府应采取必要的措施。
2. 为促进国际会议信息的畅通,文化体育观光部长官可对事业实施机构进行的下列各项工作提供补助:
(1)国际会议信息及统计的收集、分析;
(2)国际会议信息的加工及传播;
(3)国际会议信息网的建设和运营;
(4)此外,以文化体育观光部令的形式确定的、促进国际会议信息流通发展的工作。
3. 为促进国际会议信息的畅通,必要时文化体育观光部长官可按照文化体育观光部令,要求相关行政机关和国际会议机构、团体提交国际会议信息,或向他们提供国际会议信息。

第 14 条（国际会议城市指定等）

1. 文化体育观光部长官可将符合总统令规定的国际会议城市标准的特别市、广域市及市指定为国际会议城市。
2. 在指定国际会议城市时,文化体育观光部长官应考虑地区间的均衡发展。
3. 如果国际会议城市不符合本条第 1 款标准,文化体育观光部长官可取消该指定。
4. 根据本条第 1 款和第 3 款规定指定或取消国际会议城市时,文化体育观光部长官应公布相关内容。
5. 根据本条第 1 款和第 3 款指定及取消国际会议城市的具体事项由总统令决定。

第 15 条（国际会议城市补助）

根据本法第 14 条第 1 款规定,文化体育观光部长官可优先向被指定的国际会议城市提供下列补助:
1. 符合《旅游振兴开发基金法》第 5 条规定的内容。
2. 符合本法第 16 条第 2 款规定的内容。

第 15 条之二（指定国际会议综合区等）

1. 为振兴国际会议产业,必要时特别市市长、广域市市长、特别自治市市长、道知事、特别自治道知事(以下称"市、道知事")可将一定区域指定为国际会议综合区。

2. 市、道知事在指定国际会议综合区时,应制订国际会议综合区培养、振兴计划,并得到文化体育观光部长官的批准。在变更总统令规定的重要事项时,也参照本条。

3. 市、道知事须根据本条第 2 款实施国际会议综合区培养、振兴计划。

4. 被指定的国际会议综合区因工作拖延、管理不善等原因无法达到指定目的时,市、道知事可取消该指定,但必须事先得到文化体育观光部长官的批准。

5. 市、道知事根据本条第 1 款及第 2 款指定国际会议综合区或变更指定时,或根据第 4 款取消指定时,应根据总统令的规定公布相关内容。

6. 根据本条第 1 款指定的国际会议综合区将被视为《旅游振兴法》第 70 条规定的旅游特区。

7. 本条第 2 款中规定的,国际会议综合区的培养、振兴计划的制订、实施、指定国际会议综合区的条件及程序等必要事项由总统令决定。

第 15 条之三（指定国际会议集成设施等）

1. 为了国际会议综合区内国际会议设施的集成化及效率化,必要时文化体育观光部长官可与市、道知事进行协商,指定国际会议集成设施。

2. 如需获得国际会议集成设施指定,应向文化体育观光部长官提出申请。

(1) 若国际会议集成设施未达到指定条件,文化体育观光部长官可根据总统令的规定取消指定。

(2) 此外,国际会议集成设施的指定条件及指定申请等必要事项,由总统令决定。

第 15 条之四（费用减免等）

1. 为了顺利推动国际会议综合区的培养、振兴工作,必要时国家及地方自治团体可根据相关法律对国际会议综合区内的国际会议设施及国际会议集成设施进行费用减免:

(1)《开发利益回收相关法律》第 3 条规定的开发费;

(2)《山地管理法》第 19 条规定的替代森林资源建设费;

(3)《农地法》第 38 条规定的农地保全费;

(4)《草地法》第 23 条规定的替代草地组成费;

(5)《城市交通整顿促进法》第 36 条规定的交通整顿费。

2. 为培养、振兴国际会议综合区,必要时地方自治团体长官可根据《国土的计划及利用相关法律》第 51 条的规定,指定国际会议综合区为地区单位计划区域,并根据该法第52条第3款对建筑容积率适当放宽。

第16条（财政补助）

1.为实现本法的目的,文化体育观光部长官可在《旅游振兴开发基金法》第2条第2款第(3)项规定的、相当于国外旅行者出国缴纳金总额百分之十的金额范围内,对国际会议产业提供补助。

2.文化体育观光部长官可根据本条第1款规定,在金额范围内对下列各项工作提供全部或部分补贴：

(1)与本法第5条第1款及第2款相关的指定、设立的专业组织运营工作；

(2)与本法第7条第1款相关的申办或举办国际会议工作；

(3)与本法第8条第2款第(2)项至第(5)项相关的国际会议产业培养工作；

(4)与本法第10条至第13条相关的工作；

(4.1)本法第15条之二相关的国际会议综合区的培养和振兴工作；

(4.2)本法第15条之三相关的国际会议集成设施补贴工作；

(5)此外,为培养国际会议产业、以总统令形式制定的工作。

3.本条第2款的补贴相关事项,由总统令决定。

4.根据总统令的规定,如需获得第2款中的补贴,应向文化体育观光部长官或向根据本法第18条被委托的机关负责人提出申请。

第17条（与其他法律的关系）

1.国际会议设施的建设方如已根据《建筑法》第11条取得建筑许可,将被视为已取得或进行了除《建筑法》第11条第5款以外的下列许可或申报：

(1)《下水道法》第24条规定的设施或工作物的安装许可；

(2)《自来水法》第52条规定的专用自来水许可；

(3)《火灾预防、消防设施设立、维护及安全管理相关法律》第7条第1款规定的许可；

(4)《废弃物管理法》第29条第2款规定的废弃物处理设施的安装许可或申报；

(5)《大气环境保护法》第23条、《水环境保护法》第33条及《噪音、震动管理法》第8条规定的,相关排放设施的安装许可或申报。

2.国际会议设施的建设方如已根据《建筑法》第22条规定取得了国际会议设施建设许可,将被视为已进行了除《建筑法》第22条第4款以外的下列各项检查或申报：

(1)《自来水法》第53条规定的专用上水道竣工检查；

(2)《消防设施工事业法》第14条第1款规定的消防设施竣工检查；

(3)《废弃物管理法》第29条第4款规定的废弃物处理设施使用申报；

(4)《大气环境保护法》第30条及《水环境保护法》第37条规定的排放设施启动申报等。

3.建设者在申请相关国际会议设施的建设许可及使用许可时，应同时提交文化体育观光部令规定的相关文件。

4.特别自治道知事、市长、郡守或区厅长(指自治区的区厅长)审查建筑申请时，如遇到本条第1款及第2款规定的、涉及其他行政机构权限的事项，应与该行政机构的负责人协商，相关行政机构负责人应自被要求之日起15日内提出意见。

第18条（权限委托）

1.根据总统令规定，文化体育观光部长官可委托法人或团体负责本法第7条规定的申办、举办国际会议等业务。

2.根据本条第1款规定进行权限委托时，文化体育观光部长官可在预算范围内对被委托的法人或团体提供必要的经费补助。

附则

除第17条第1款的修订自公布之日起实施外，本法其他内容自公布起6个月后实施。

  韩国《国际会议产业法》原文链接(见二维码)